DEBERNY

지은이 **댄 무어**

영국 캠브리지대학에서 철학 석사학위를 받았다.
퍼즐전문가로 잘 알려져 있으며, 지금까지 100권이 넘는 퍼즐책을 개발하였다.

옮긴이 **전민주**

한국에서 태어나서 유년시절에 모국의 문화와 언어를 습득하고 이어서 싱가포르로
이주하여 청소년기를 영국식 영어교육을 받고 다양한 문화를 문학적으로, 학구적
으로 경험했으며, 모국어 외에 영어, 중국어 등을 학교에서, 현지 생활에서 문화적
깊이를 가지고 습득하였다. 현재 미국에서 수학 중이며, 한국어를 외국인이 영어적
사고에 기반하여 쉽게 습득하는 교육법을 연구 중이다.

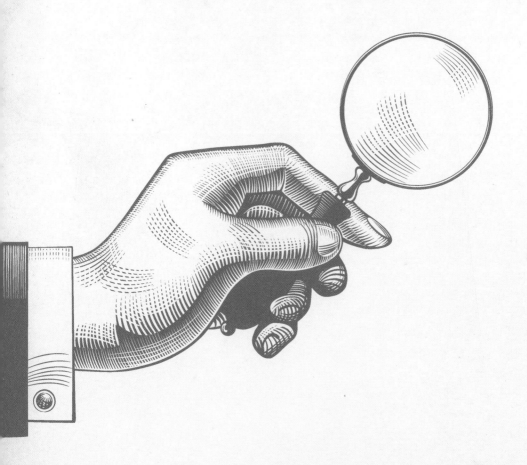

고난도 수수께끼를 홈즈와 함께 해결하라!

— SHERLOCK HOLMES —

 댄 무어 지음 | 전민주 옮김

북스토리

셜록 홈즈의 초대장 (원제: Sherlock Holmes' Book of Conundrums)

1판 1쇄 2021년 1월 25일

지 은 이 댄무어
옮 긴 이 전민주

발 행 인 주정관
발 행 처 북스토리㈜
주   소 서울특별시 마포구 양화로 7길 6-16 서교제일빌딩 201호
대표전화 02-332-5281
팩시밀리 02-332-5283
출판등록 1999년 8월 18일 (제22-1610호)
홈페이지 www.ebookstory.co.kr
이 메 일 bookstory@naver.com

ISBN 979-11-5564-212-2 03690

※잘못된 책은 바꾸어드립니다.

CONTENTS

★ ★ ★

서 문

★★★

셜록 홈즈의 세계와 빅토리아 시대의 영감이 배어 있는 퍼즐에 대한 저술을 의뢰받은 시점에 마침 저는 어머니로부터 세월의 흔적이 남아 있는 셜록 홈즈 전집을 선물 받았습니다. 한동안 이 아름다운 책을 읽으며, 한편으로 이렇게 훌륭한 작업이 나의 중요한 업무가 되었다는 자부심에 더없는 행복감을 경험할 수 있었습니다. 셜록 홈즈 전집은 56개의 단편과 4개의 장편이 있으며, 그 어느 하나라도 일단 책장을 넘기면 그 자리에서 몰입되어 홈즈의 신기에 가까운 사건 해결의 매력에 시간 가는 줄 모르게 됩니다.

파이프 담배를 물고 있는 멋진 탐정과, 그의 조수 왓슨 박사 그리고 영원한 주적인 모리어티 교수가 나오는 셜록 홈즈 시리즈는 발표된 시점부터 오늘날까지 그 매력과 인기가 식을 줄을 모르며 오히려 현대에 와서 영화나 TV 시리즈로 더 각광받고 있습니다. 이 책을 선택하신 독자 여러분들은 이미 셜록 홈즈에 대한 추억과 감동을 마음 한구석 갖고 계신 분들일 것으로 추측해 봅니다. 이 책의 퍼즐을 풀어나가는 데, 특별히 몇몇 경우를 제외하고는 셜롬 홈즈에 대한 사전 지식이 많이 요구되지는 않습니다.

이 책에 실려 있는 퍼즐은 해답을 찾아가는 데 요구되는 두뇌의 활동에 따라 몇 개의 카테고리로, 즉 기억력, 문제 해결 능력, 창의력, 수평적 사고력으로 구분되어 있습니다. 각 퍼즐에 대한 해답은 책 말미에 있습니다. 그런데, 창의력 관련 퍼즐은 해답이 없습니다. 그 이유는 독자 여러분의 자유로운 상상력과 샘솟아 흐르는 창의력이 바로 해답이기 때문입니다. 그리고 수평적 사고력에 대한 해답 또한 반드시 이 책에서 제시하는 해답에만 한정할 필요가 없습니다. 얼마든지 독자 여러분이 그 상황에 맞는 해결책을 그려낼 수 있는 것입니다.

이 책에는 몇 분이면 풀 수 있는 간단한 퀴즈부터 좀 더 복잡하고 시간이 걸리는 어려운 퍼즐까지 다양하게 들어 있습니다. 독자 여러분들이 허락되는 시간에 맞춰 다양하게 선택해서 그 시간 동안 자유롭게 즐길 수 있습니다. 난이도는 특별히 표기할 필요는 없었습니다. 그 이유는 고정된 틀이나 선입견에 사로잡히지 않고 여러분의 두뇌가 자유롭게 접근해서 판단하며 대응하는 것이 더욱 자연스럽고 즐거운 일이라 생각했기 때문입니다.

퍼즐을 풀어가는 데 옳고 그름의 구별은 전혀 의미가 없습니다. 새가 하늘을 비행하듯 자유롭게 하시기 바랍니다. 처음부터 하나씩 풀어가셔도 좋고, 선호하는 타입을 먼저 선택해서 하셔도 좋고, 아니면 실제로 책을 무작위로 펼치고 그 페이지의 눈에 띄는 것을 풀어나가는 것도 뭔가 자유로움을 더 느끼는 방법이 될 수도 있습니다.

이 책을 통해서 독자 여러분들이 퍼즐 풀기의 묘미를 느끼시기를 진심으로 희망합니다. 그리고 혹시 셜록 홈즈에 대한 감동과 영감을 되살리기 위해 책을 다시 한 번 손에 잡으신다면 그것 또한 저에게 영광입니다.
마지막으로 셜록을 탄생시킨 아서 코난 도일이 1888년 발표한 『네 사람의 서명(The Sign of Four)』에 나오는 셜록의 목소리를 인용합니다.

"불가능한 것들을 제거하고 나면, 아무리 아닌 것 같아도 남아 있는 것이 답이라네."

★★★

탈선

수평적 사고력

★★★

1888년 11월의 거센 폭풍우가 치던 밤이었다. 앨저넌은 아버지와 함께 기차 여행 중이었다. 갑자기 기차가 휘청거리더니, 거센 돌풍에 휩싸여 눈에 띄게 뒤흔들렸다. 곧이어 열차는 탈선했고, 그 충격으로 아버지가 즉사했다.

앨저넌은 간신히 목숨을 건졌으며, 위독한 상태에서 병원으로 옮겨졌다. 외과의사는 앨저넌을 보자마자 숨을 가쁘게 몰아쉬며 "이 사람은 내 아들입니다. 나는 수술을 할 수 없습니다"라고 소리쳤다.

도대체 어떻게 된 걸까?

총잡이

수평적 사고력

★★★

런던항의 이스트 인디아 도크 근처에 있는 낡은 여관인 유니콘은 폭풍우가 치는 밤이면 현지인들이 모여드는 피난처였다. 안개가 자욱하고 분주한 어느 날 밤, 여관 문이 휙 열리면서 한 남자가 걸어 들어왔다. 갑자기 정적이 흘렀고, 이 남자는 카운터에 물 한 잔을 요구했다. 이어서 여관 주인이 총을 꺼내 바로 겨냥하자 이 남자는 "정말 고맙네"라고 말했다. 그리고 나서 곧바로 등을 돌리며 나가버렸다.

여러분은 이 비정상적인 사건의 전개를 어떻게 설명하겠는가?

티 클리퍼즈

문제 해결 능력

★ ★ ★

워크하우스*의 교장은 불쌍한 빈민들에게 혹독한 노동으로부터 잠시 해방시켜주고, 또한 잠시나마 두뇌운동도 해보도록 배려하기로 했다. 게임은 제공된 단서들을 가지고 격자 판 해도에서 길이가 각각 다른 10대의 티 클리퍼즈 범선**의 위치를 추정하는 것이다. 10분 안에 이 퍼즐을 푸는 사람에게는 저녁 식사와 함께 맥주 한 잔이 제공된다. 당신은 오늘 저녁, 저녁 식사와 함께 보너스로 맥주 한 잔을 즐길 행운을 잡을 수 있을까?

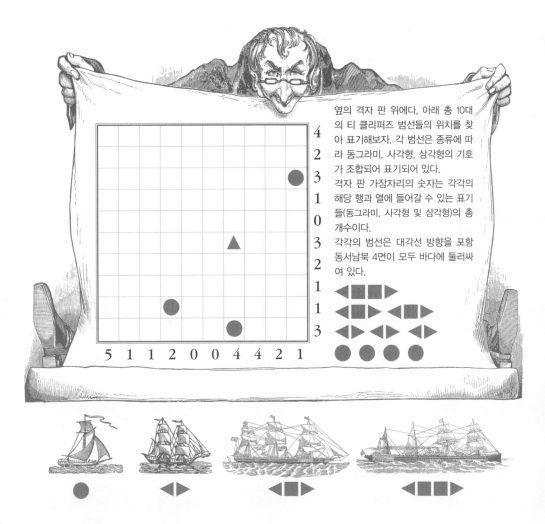

옆의 격자 판 위에다, 아래 총 10대의 티 클리퍼즈 범선들의 위치를 찾아 표기해보자. 각 범선은 종류에 따라 동그라미, 사각형, 삼각형의 기호가 조합되어 표기되어 있다.
격자 판 가장자리의 숫자는 각각의 해당 행과 열에 들어갈 수 있는 표기들(동그라미, 사각형 및 삼각형)의 총 개수이다.
각각의 범선은 대각선 방향을 포함 동서남북 4면이 모두 바다에 둘러싸여 있다.

* 워크하우스(Workhouse) : 영국 빅토리아 시대에 법으로 제정(1834년)하여 직업이 없거나 집 없는 아동, 여성, 노인들을 특별히 지어진 워크하우스에서 노동하며 생활하도록 했다.
** 티 클리퍼즈 : 19세기 중엽 영국의 쾌속 범선.

가족 앨범

인식 능력

★ ★ ★

아래 9개의 사진을 15초 동안 유심히 보기 바란다. 그러고서 옆 페이지 사진을 보자. 서로 뒤바뀐 2개의 사진을 찾을 수 있을까?

당연히 처음 봤던 아래 사진들을 다시 보지 않고 찾아야 한다.

1.

2.

3.

4.

5.

6.

7.

8.

9.

1. 2. 3.

4. 5. 6.

7. 8. 9.

비턴 여사의 토끼 파이

인식 능력
★ ★ ★

아래에 쓰여 있는 비턴 여사의 토끼 파이 만드는 레시피를 읽어주기 바란다. 30초 동안 레시피 각 항을 보고 아래 질문들에 답해야 한다. 당연히 레시피를 다시 볼 수 없다. 읽은 레시피 부분을 손으로 가리면, 다시 보려는 유혹에서 벗어나는 데 도움이 될 것이다.

레시피

토끼 한 마리
몇 조각의 햄 또는 베이컨
소금과 흰 후추
2 스푼의 분말 메이스
½ 티스푼의 강판으로 간 넛메그 열매
몇 덩어리의 포스미트
2개의 삶은 계란
½ 잔의 그레이비
퍼프 페이스트리 크러스트

질문

1. 얼마나 많은 메이스가 들어가는가?

2. "몇 조각의…" 이 항목의 나머지 내용을 넣어 완성해주기 바란다.

3. 어떤 종류의 크러스트가 첨가될까?

4. 삶은 계란은 몇 개 필요한가?

5. "몇 덩어리의…" 이 항목의 나머지 내용을 넣어 완성해주기 바란다.

얕은 물웅덩이

논리적 사고력

★ ★ ★

셜록 홈즈는 전날 밤에 가택 침입이 발생했다는 대저택으로 향했다. 지면을 조사하던 중 도둑이 저택 내에 침입한 통로로 의심되는 창문 바로 옆에서 물웅덩이를 발견했다. 다른 사람들은 사건과 무관하게 여기기 쉬운 사소한 디테일에도 항상 꼼꼼히 주의를 기울이는 사람답게, 홈즈는 이 웅덩이의 면적을 계산해보기로 했다.

홈즈의 주머니에는 줄자가 있었고, 옆 별채에는 정원용 말뚝 한 무더기가 기대 세워져 있었다. 홈즈는 이것들만 가지고 어떻게 웅덩이 면적을 계산해냈을까?

베이커 스트리트 특공대

수학 능력

★★★

홈즈의 사조직인 베이커 스트리트 특공대*의 대원들은 의심스러운 용의자를 추적해서 사건의 단서를 확보하는 등 홈즈의 수사에 도움을 주어왔으며, 홈즈는 이 조직에게 일당 1파운드의 수고비를 제공해왔다. 오늘은 이 멤버들이 받은 수고비로 제과점에서 쇼핑을 하기로 했다.

제과점 가격을 보니,
알사탕 한 개에 2.5d**, 보리 설탕 사탕은 한 개에 1.75d
셔벗 빙과 한 봉지에 1.5s

베이커 스트리트 특공대 대원들은
알사탕 5개, 보리 설탕 사탕 12개,
셔벗 빙과 1봉지를 샀다.

> 다음을 참고하라.
> 12d = 1s 그리고 20s = £1
> 1d는 1 옛날 페니
> 1s는 1 옛날 실링

질문
셜록이 준 1파운드로 이 대원들이
위의 사탕과 빙과를 구매한 후
남은 잔돈은 얼마인가?

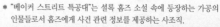

---

* "베이커 스트리트 특공대"는 셜록 홈즈 소설 속에 등장하는 가공의 인물들로서 홈즈에게 사건 관련 정보를 제공하는 사조직.

** 영국 화폐 : d(펜스), s(실링), £(파운드)

3개의 담배 파이프

문제 해결 능력

★ ★ ★

특별히 까다로운 난제를 앞에 놓고, 셜록은 담배가 생각나서 해포석(海泡石)으로 만든 고급 담배 파이프를 집으려고 손을 뻗었다. 셜록은 지인들로부터 선물 받은 여러 종류의 담배 파이프 컬렉션을 소장하고 있었다. 상자에 총 17개의 담배 파이프가 들어 있었다. 베이지색 5개, 갈색 8개 및 옅은 갈색 4개가 들어 있다. 만약 홈즈가 상자 안을 보지 않고 무작위로 담배 파이프를 꺼낼 경우, 3개의 색상이 최소 각 한 개씩 나오도록 하려면, 한 번에 몇 개의 담배 파이프를 꺼내야 할까?

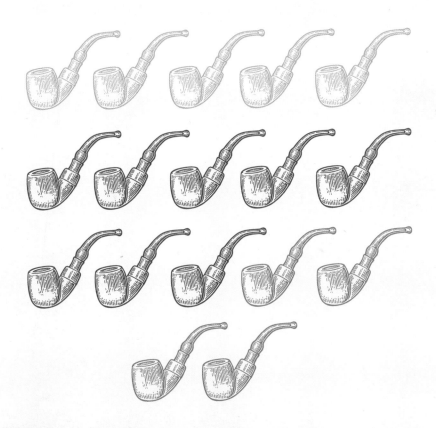

이상한 수조

문제 해결 능력

★ ★ ★

"홈즈, 어제 선술집에서 이상한 대화를 우연히 엿들었는데, 나는 정말 도저히 그 속을 알 수가 없네"라고 왓슨이 말했다.

"한 남자가 집주인에게 본인이 물이 가득 들어 있는 큰 수조를 가지고 있으며, 그 무게가 55파운드 나간다고 말했네. 그리고서 그 남자가 무엇인가를 냈다고 했는데, 그것이 바로 이상한 것이야. 즉, 수조의 무게가 줄어든 것이네. 그 남자는 그것이 무엇인지 절대 말하지 않네. 나는 아무리 생각해도 이해가 안 가는군."

셜록은 즉시 미소를 지으며 말했다. "친애하는 왓슨, 참고 기다려보게. 진실이 드러날 것일세."

> **질문**
> 그 남자는 물이 가득 들어 있는 수조의 무게를 줄이기 위해 무엇을 냈을까?

한 조각의 수수께끼

문제 해결 능력

★ ★ ★

"왓슨, 종종 문제를 해결할 때 복잡한 문제의 내용이 되는 단편적인 정보를 제공받거나 아니면 그것들을 알아내서 전체로 조합해볼 필요가 있네. 그러나 반대 경우로 전체 그림으로부터 구성 요소들을 알아내야만 할 때도 있네"라고 홈즈는 설명했다.

아래 블록을 정확히 같은 네 개의 모양으로 분리할 수 있을까?

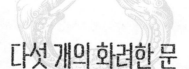

다섯 개의 화려한 문

문제 해결 능력

★ ★ ★

셜록과 왓슨 박사는 화려한 색으로 문을 장식한 다섯 채의 집들이 있는 거리로 다가갔다. 순서와 상관없이 다섯 개의 대문은 갈색, 오렌지색, 노란색, 파랑색 그리고 보라색이다. 아래 단서를 가지고 1번에서 5번까지 각 대문의 색을 알아내기 바란다.

3번과 5번의 색상이 혼합되면 녹색이 나온다. 짝수 번호를 가진 문 중의 하나는 갈색이며, 노란색 문이나 보라색 문과 인접하여 있지 않다.

심령술사

문제 해결 능력

★ ★ ★

사람은 죽은 뒤에도 영혼이 존재한다고 믿는 강신론이 유행하던 빅토리아 시대*에 초능력이 있던 필리스 부인은 항상 인기가 있는 심령술사였다. 사람들은 그녀의 주술을 들으려고 먼 곳에서도 왔으며, 그 주술은 매우 정확했다. 그녀는 점괘를 받으러 온 사람들을 특정 생물로 비유하곤 했다. 한 사람이 그녀의 비밀을 폭로하고 말겠다는 불순한 목적을 가지고 변장을 하며 1년에 네 번을 방문했다.

3월 1일, 이 사람은 물고기로 비유되었다. 그리고 그 다음 5월 1일은 황소로, 7월 1일에는 큰 게로 비유되었다. 그러면 그 다음 11월 1일에는 과연 무슨 동물로 비유되었을까?

* 빅토리아 시대 : 1837~1901년 영국의 빅토리아 여왕이 통치한 시대로, 경제가 비약적으로 성장하고
인구가 대폭 증가한 황금시대로서, 셜록 홈즈 소설의 배경이 된다.

킹의 여정

문제 해결 능력

★ ★ ★

런던 체스 클럽의 회원들은 커피 하우스에서 체스를 두며 토론하는 것을 좋아했다. 빅토리아 시대 당시에도 오늘날의 우리와 같이 시간을 설정하여 치열하게 게임도 하며 다양하게 체스 관련 퍼즐을 즐겼다. 이제 아래 두 개의 퍼즐을 각각 10분 안에 풀어주기 바란다.

킹은 아래 체스 판의 '1'에서 시작해서 마지막 '100'까지 ('1'과 '100'에 음영 처리) 모든 구역을 순차적으로 여행하였다. 중간 중간에 숫자가 쓰여진 대로, 일부 영역의 방문 기록이 표기되어 있다.
체스 판의 빈 영역을 방문 순서에 맞게 채워서 여정을 완성해주기 바란다. 킹은 한 번에 한 영역(칸)씩만 이동하며, 수평, 수직 및 대각선 방향 모두 가능하다.

	4					28		98	99
	5		14					100	
1	9		18				94		
10				32		91	92	86	
	20	24			89			83	
						81			72
	35				77	76			
		43		64		69	70		
	40	44	48		63		61	57	56
	39					52			

나이트의 여정

문제 해결 능력

★ ★ ★

자, 이제 좀 더 까다로운 문제에 도전해보자. 아이디어는 킹의 여정과 동일하다. 이제 중세의 충성스런 나이트가 1부터 100까지 영역을 이동하며, 각 영역을 한 번씩 방문한다. 킹과는 달리, 나이트는 두 개의 영역을 세로 방향으로 그리고 이어서 한 개의 영역을 가로 방향으로 또는 그 반대로, 두 개의 영역을 가로 방향으로 이어서 한 개 영역을 세로 방향으로 이동한다.

17			52		40	57	36		38
	51	18		56	61				
			70	63		67			22
50			91				81		
	44	73	76						32
72			65	96		88			1
45	14			87		79			24
		48	93			28			83
13			6			99			30
10				100					3

세심한 관찰

문제 해결 능력

★ ★ ★

이 까다로운 문제에 도전해보기 바란다. 퍼즐이 풀리는 순간, 셜록 홈즈와 관련된 물건이 드러날 것이다.

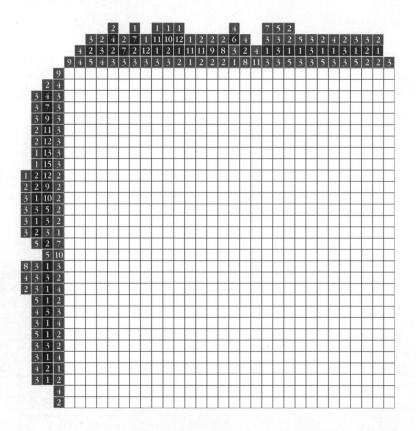

격자 가장자리에 적힌 숫자는 각 행이나 열에서 색칠된 칸의 수를 의미한다. 예를 들어 열이나 행의 가장자리에 2(파란색)과 2(갈색)이라고 적혀 있으면 해당 열이나 행이 한 개 이상의 빈 칸으로 시작하여 파란색 2칸, 그 다음 한 개 이상의 빈 칸, 그 다음 갈색 2칸, 나머지는 빈 칸으로 이루어진다는 뜻이다.

각 열이나 행에 같은 색 숫자가 연달아 나온다면 이에 해당되는 같은 색 칸들 사이에는 반드시 한 개 이상의 빈 칸이 들어가야 한다. 예를 들어 2(갈색)와 2(갈색)이라고 적혀 있으면 갈색 2칸과 갈색 2칸 사이에 반드시 한 개 이상의 빈 칸이 들어가야 한다.

보관함 비밀번호

문제 해결 능력

★ ★ ★

"왓슨 박사, 이 보관함을 열고 그 안의 서류 좀 주겠나?"

"물론이네, 홈즈, 그런데 비밀번호를 알려주게."

"친구, 여기 있네, 자 이제 서류 좀⋯."

아래의 단서를 사용하여 보관함의 4자리 번호를 알아내기 바란다.

4자리 번호는 각각 다른 숫자로 구성된다.

1. 첫 번째와 마지막 숫자는 합산하면 10이
   된다.
2. 두 번째 및 세 번째 숫자를 함께 곱하면
   30에서 40 사이에 속하는 하나의 홀수가
   된다.
3. 두 번째 숫자는 첫 번째 숫자보다 5만큼
   더 크다.

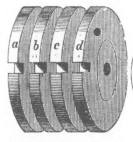

왓슨, 이쪽으로!!

문제 해결 능력

★ ★ ★

전화기를 최초로 발명한 알렉산더 그레이엄 벨은 1876년 세
계최초로 그의 조수에게 전화를 걸었다.

"왓슨 씨, 이쪽으로 오시지요. 당장 만납시다."

여기서 나오는 왓슨 씨는 당연히 셜록 홈즈의 왓슨 박사와 다
른 사람이다. 만일 전화를 7월 11일부터 123일 전에 걸었던
경우라면, 그 정확한 날짜는 언제인가? 메모는 하지 않고 머
리로만 풀기 바란다!

바이올린을 연주하며

문제 해결 능력
★ ★ ★

셜록은 사건 생각에 깊이 빠져서, 바이올린을 생각 없이 연주하고 있었다. 왓슨은 홈즈가 음표 A부터 B, C, D, E, F, G까지 계속해서 연주하고, 그리고 다시 반대로 해서 음표 A까지 그리고 또 이어서 음표 G까지 같은 패턴을 계속 반복하고 있음을 감지했다. 즉 음표를 A, B, C, D, E, F, G, F, E, D, C, B, A, B, C, D, E, F, G…으로 반복하고 있다.

만일 이러한 방식으로 A부터 시작하여 총 750개의 음표를 연주한다면 어떤 음표가 마지막 연주가 될 것인가?

영원한 사랑

문제 해결 능력
★ ★ ★

존스는 친절하고 유쾌한 남자였으며 많은 이성 친구들이 있었다. 그는 또한 여러 여자와 결혼식을 올렸지만, 어쩐 일인지 한 번도 이혼을 한 적이 없다. 그리고 존스는 결코 여러 여성과 결혼했다고 중혼(重婚)죄로 고발된 적도 없었고 또한 결코 중혼자도 아니었다. 도대체 어떻게 이런 일이 가능했을까?

숨겨진 폭발물

문제 해결 능력

★ ★ ★

셜록은 범죄 현장을 잡아내기 위해 범인들이 자주 드나드는 여러 개의 방들로 구성된 창고 건물에 종종 잠입하곤 했다. 그런데 평상시 셜록을 제거하기를 노려왔던 주적들 중 한 명이 은밀하게 그 여러 방들에 폭발물을 설치하였다. 아뿔싸! 셜록의 목숨을 지켜야 한다! 아래 격자로 표현된 100개의 방들에서 폭발물이 설치된 방들을 신속하게 찾아서 동그라미로 표시하기 바란다.

아래 그림에서 숫자가 표기된 방에는 폭발물이 설치되어 있지 않다. 그리고 표기된 숫자는 그 방을 중심으로 가로, 세로 및 대각선 방향으로 인접한 방들 중에서 몇 개의 방에 폭발물이 설치되어 있는가를 말한다. 이 퍼즐은 논리적 사고로만 해결할 수 있다.

1		1		0					1
					3				
		0	2			3			
	0			2		3			1
		0					2	3	
			3				1		
	2				2		3		2
	1		3						2
0	2					3		5	
		2				3			

미로 탈출
문제 해결 능력
★ ★ ★

셜록과 왓슨 박사는 낡고 미로처럼 복잡한 건물 내부로 잠입하여 들어갔다. 그리고는 사건 현장을 지키며 숨죽인 채 범인들의 움직임을 감시 중이었다. 그런데 창문 밖을 살펴보는데, 순간 범인이 홈즈가 있는 건물 쪽으로 터벅터벅 오고 있었다. 홈즈와 왓슨은 발각되기 전에 신속히 건물에서 벗어나야만 한다.

과연 홈즈와 왓슨 박사가 이 미로 같은 건물에서 탈출할 수 있을까? 아래 두 그림은 왼쪽이 2층, 그 옆이 1층이다. 당신은 현재 2층의 맨 위 'X' 위치에 있다. 탈출구는 1층 오른쪽 하단에 'exit'라고 표기되어 있다.

'>' 기호를 만나면 사다리를 이용해서 1층으로 내려가거나 아니면 무시하고 계속 진행할 수 있다. 또한 '<' 기호를 만나면 사다리를 이용해서 2층으로 올라가거나 아니면 무시하고 계속 진행할 수 있다. 우리의 셜록과 왓슨 박사를 구하기 위해 'X'에서 시작해서 'exit'까지 탈출 경로를 찾아주기 바란다.

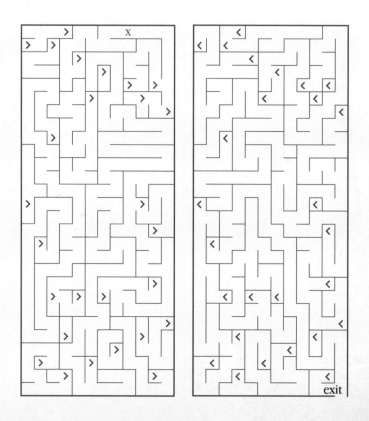

몇 월 며칠

문제 해결 능력

★ ★ ★

셜록 홈즈는 해외로부터 불가사의한 사건에 대한 해결을 위탁받았다. 그는 5월 1일 영국을 출발해서 해외에서 체류하고 111일째 되는 날 영국으로 돌아왔다. 셜록이 귀국한 날은 정확히 몇 월 며칠인가? 메모 없이 암산으로 풀기 바란다!

과일 가판대

수학 능력

★ ★ ★

노천 시장 가판대에서 신선한 과일과 채소가 특히 인기가 있었다. 주인은 전체 91개의 사과와 배를 가판대에 펼쳐놓았다. 사과가 배보다 2.5배 많았다. 그러면, 가판대에 사과와 배가 각각 몇 개씩 있는 것인가?

저울의 균형

수학 능력

★ ★ ★

빅토리아 시대에 사랑받았던 여러 사탕들이 사전에 준비된 포장 봉지에 담겨서 무게가 각각 다른 상태에서 사탕 판매점에 입고되었다.

양팔저울로 무게를 계량해보니. 한 봉지의 토피 사탕은 두 봉지의 봉봉 사탕과 같은 무게이며, 한 봉지의 봉봉 사탕은 세 봉지의 피어드롭 사탕과 무게가 같다. 두 봉지의 피어드롭 사탕은 한 봉지의 험버그 박하사탕과 무게가 같다.

질문

1. 세 봉지의 토피 사탕과 동일한 무게의 피어드롭 사탕의 봉지의 수는?
2. 네 봉지의 봉봉 사탕과 동일한 무게의 험버그 박하사탕의 봉지의 수는?
3. 저울의 왼편에 두 봉지의 토피사탕과 두 봉지의 봉봉사탕이 올라가고, 이어서 오른편에 세 봉지의 험버그 박하사탕이 올라가면, 저울이 균형을 이루기 위해서는 피어드롭 사탕 몇 봉지를 추가로 오른편에 올려야 할까?

숨겨진 이탈리아인

문제 해결 능력

★ ★ ★

먼저, 격자 판의 오른쪽에 나열된 20개의 숫자 열을 모두 빠짐없이 아래 격자 판에서 신속하게 찾아내어 표시해라. 숫자 열의 위치는 수평, 수직 및 대각선 방향 모두 가능하며, 숫자 열의 숫자배열이 순차적일 수도 있고 그 역순일 수도 있다.

이어서, 숫자 열이 모두 표시된 격자 판을 주목한다. 격자 판을 좌에서 우 방향으로, 그리고 위에서 아래 방향으로 내려가며, 숫자 열에 포함되지 않고 남은 빈칸의 모든 '숫자'와 ' , '을 나열해 본다. 자, 이제 이 나열된 나머지 숫자의 무리에서 연상되는 유명한 이탈리아인을 말해보자.

옆의 격자 판에서 아래 표기된 20개의 숫자 묶음들을 찾아내기 바란다.
가로 방향 또는 세로 방향 아니면 대각선 방향으로 놓여 있다.
그리고 숫자 묶음 안의 숫자 배열이 순차적일 수도 있고 그 반대일 수도 있다.

6	4	5	5	5	8	6	0	6	,	6	1
8	,	0	1	6	7	6	8	7	5	5	,
7	5	2	3	,	3	9	1	8	7	,	5
6	6	,	7	4	4	0	9	5	2	8	6
8	0	,	6	6	9	9	7	7	9	8	7
1	6	1	8	6	9	8	6	3	4	0	9
3	8	0	7	9	6	6	7	3	3	9	5
3	9	2	6	6	,	4	3	3	2	6	4
2	1	,	8	7	3	9	9	4	1	7	3
4	,	5	6	8	4	1	3	3	5	6	2
2	6	7	8	6	6	7	8	,	8	9	8	,
1	4	7	8	6	3	0	6	1	4	7	4

68555
96786
109672
123492
147863
363337
403498
687575
689468
768762
986065
999856
2345976
6067486
6768755
6876813
7687686
9767393
80967687
98649180

'셜록' 스도쿠*

문제 해결 능력

★ ★ ★

'SHERLOCK'의 8개 알파벳이 아래 격자 판의 각 열과 행, 그리고 4×2 굵은 선 영역에 단 한 번씩만 나오도록 빈칸을 채워주기 바란다.

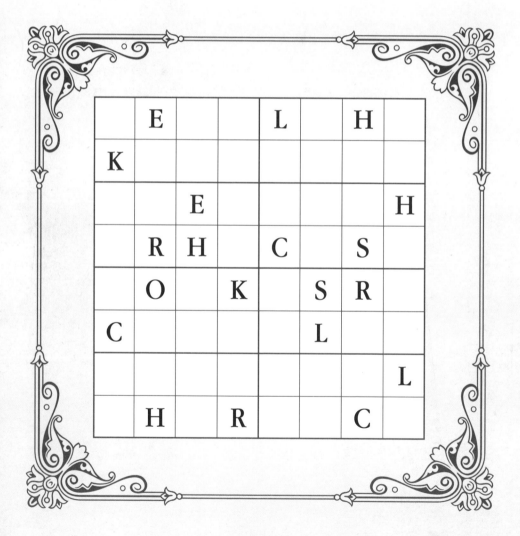

* 스도쿠 게임 : 1979년에 미국의 퍼즐 잡지(Dell magazine)에 처음 소개되어 세계적으로 열풍을 일으킨 숫자 맞히기 퍼즐 게임.

4개의 나무 상자

문제 해결 능력

★ ★ ★

테이블 위에 4개의 작은 나무 상자가 열 맞춰 놓여 있다. "왓슨 박사, 이 네 개의 상자 중 하나에 금화가 들어 있네. 당연히 나머지 셋은 빈 상자네. 나는 어느 상자에 금화가 있는지 알고 있지. 자네는 아직 모르고. 자, 상자를 하나 골라주게나!"라고 홈즈가 말했다. 왓슨 박사는 한 개를 선택하고 1번으로 번호를 부여했다. 이어서 셜록은 2번 박스를 열어서 속이 비어 있음을 보여주었다. 그리고 3번 박스도 똑같이 열어서 비어 있음을 확인해주었다.

"친애하는 왓슨 박사, 상황이 간단해졌네. 이 두 개의 상자는 빈 것임이 이미 확인되었네. 이제 문제는 친구가 처음 선택한 대로 1번 상자를 개봉할 것인가 아니면 마음을 바꿔서 4번 상자를 개봉할 것인가 선택이네."

"당연히, 난들 금화에 대한 욕심이 없겠나"라고 왓슨 박사가 답했다. "이제 상자가 두 개만 남았고, 각각 50/50의 확률을 갖고 있으니 어느 상자를 개봉하여도 아무런 차이가 없지. 그러니 그냥 1번 상자로 하겠네."

과연 왓슨 박사가 맞을까? 그가 결정을 바꾸거나 안 바꾸거나 결과적으로 정말 차이가 없을까? 아니면 1번 상자를 고집하거나 아니면 4번 상자로 변경함으로써 금화를 소유할 가능성이 실제로 커질 수 있을까?

셜록의 'S'

수학 능력

★ ★ ★

우리의 주인공 셜록의 앞 글자 'S'자 형태의 퍼즐을 풀어보자. 아래 격자 판에서 엷은 갈색 영역에 표시된 숫자는 해당되는 열과 행의 하얀색 영역에 표기된 숫자들의 합을 나타낸다.

1부터 9까지의 임의의 숫자들을 사용할 수 있다. 그리고 같은 배열에서 같은 숫자가 다시 나올 수 없다. 예를 들어 두 개의 하얀색 영역에 대한 합이 4면 가능한 두 개의 각 숫자는 1과 3이 되고, 2와 2는 될 수 없다.

구슬 굴리기

문제 해결 능력

★ ★ ★

"친애하는 왓슨 박사, 때때로 우리는 순차적인 추리를 통해 논리적 결론을 끌어내기 위해서 우리 마음의 눈으로 몇 단계 더 멀리 볼 필요가 있네."

아래 그림처럼 평평한 판 위에 금속 구슬이 있다. 이 게임을 풀기 위해서는 시작부터 끝날 때까지 전 과정을 순차적으로 머릿속으로 그려봐야 한다. 이 게임은 좌측 상단의 시작점에 위치한 구슬을 잘 유도하고 굴려서 우측 하단의 움푹 들어간 위치까지 이동시키는 것이다. 판 자체를 마음으로 상상해서 좌로, 우로, 위로, 아래로 움직여야 한다. 그때마다 구슬은 이리저리 구르며 상자의 가장자리나 벽(하얀색 선으로 두껍게 표시)에 충돌한다. 구슬이 정지하면 당연히 다시 움직이도록 판을 기울여야 한다.

자! 그러면 마음의 준비를 하고, 구슬을 총 15번 이상 넘지 않게 굴려서 우측 하단 움푹 들어간 자리까지 보내주기 바란다.

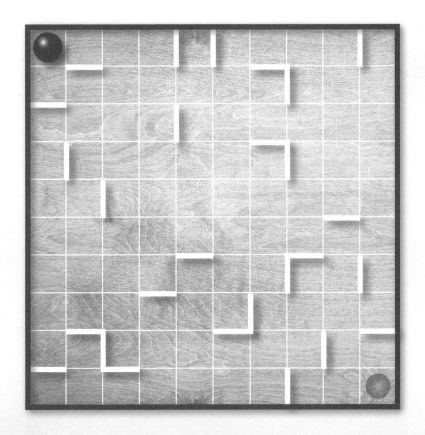

셜록의 'S' 찾기

문제 해결 능력

★ ★ ★

아래 숫자판에서 숫자판 밑의 15개 숫자 묶음을 찾아내기 바란다. 아래 예에서 보듯이 셜록(Sherlock)의 앞 글자 'S' 자 모양으로 배열되어 숨어 있다. 숫자들은 'S' 형태 내에서 순차적일 수도 있고 그 반대일 수도 있다.

```
2 7 0 7 7 2 7 1 0 2 6 8 0 5 4 0
3 4 8 5 2 3 5 8 0 5 2 6 0 2 5 0
0 6 7 0 3 6 5 4 7 1 9 6 3 1 1 8
2 0 7 6 4 8 0 5 8 1 3 7 2 6 2 3
1 2 2 7 4 8 1 8 3 7 9 1 3 3 9 9
7 1 4 6 8 4 7 1 3 8 0 4 4 9 0 1
4 1 6 1 8 6 2 8 2 5 8 2 1 5 0 7
0 3 7 0 9 4 4 1 1 2 4 1 8 9 2 3
9 6 5 0 5 3 0 9 6 2 8 7 0 5 6 0
5 3 8 5 6 5 5 7 7 0 9 1 4 9 3 2
2 1 3 8 9 9 1 9 1 1 5 4 6 5 9 0
0 8 1 6 3 6 2 9 8 2 3 2 3 1 8 8
9 4 7 1 2 2 7 0 9 7 5 5 2 9 5 6
8 6 8 0 1 5 3 3 6 0 6 2 9 2 9 8
0 0 9 5 1 8 0 2 7 6 1 7 9 5 5 1
2 9 2 9 2 1 7 1 8 6 6 4 0 0 0 6
```

08629632319	31724116775	75524510287	~~84676846490~~
22174167569	48105632727	81163991705	86616069823
24124087137	49362981490	81329295000	90359199072
26321530712	68016181385	82587385471	95680959560

빅토리아 열기구

문제 해결 능력

★ ★ ★

빅토리아 시대, 하늘을 오르는 열기구는 많은 사람에게 감동과 흥분을 안겨주었다. 어느 날 아서는 열기구 경주를 보기 위해 공원에 왔다. 인파 중에는 멋지게 정장을 차려입은 빅토리아 시대의 신사 숙녀가 많이 보였다. 5개의 경주용 열기구가 있었으며, 각각 용, 방패, 장미, 십자가 그리고 사자를 상징으로 했다. 아래의 단서들을 가지고 각각의 열기구를 1위에서 5위의 순위를 추정해주기 바란다.

1. 용은 우승하지 못했으며, 사자는 꼴찌가 아니었다.
2. 장미는 십자가보다 먼저 들어왔다.
3. 방패는 꼴찌는 아니었고, 사자 다음으로 들어왔다.
4. 십자가는 사자보다 먼저 들어왔다.

게임, 세트 그리고 승부

수평적 사고력

★ ★ ★

헨리는 조금도 원통해 하지 않았다. 그는 프랑스인 경쟁자 세드릭을 맞아 잔디에서 하는 테니스 경기에서 땀을 흘리며 최선을 다했다. 그는 경기를 잘 풀어나갔으며, 득점도 상대보다 많이 했다. 그럼에도 불구하고, 상대편인 세드릭이 최종 승자가 되었다. 헨리가 실격패 당한 경우가 아니라면, 어떻게 이러한 결과가 나올 수 있을까?

권투하는 산토끼

수학 능력

★ ★ ★

한 무리의 빅토리아 시대 신사들이 사냥할 지점을 찾아다니며 들판을 걷고 있었다. 저 멀리 풀밭에서 격렬하게 복싱하듯이 싸우고 있는 산토끼들을 발견했다.

만약에 총 9마리의 산토끼가 있었으며, 산토끼는 반드시 두 마리씩 한 쌍으로만 싸우는 점을 고려하면, 이 산토끼들이 각기 다른 상대와 얼마나 많은 횟수의 복싱 경기를 벌였을까?

무게 측정

문제 해결 능력

★ ★ ★

"왓슨 박사, 문제를 해결하는 방법은 종종 여러 가지가 있지만, 우리가 항상 추구하는 것은 얼마나 효율적으로 해결했는가가 아닐까?"라고 홈즈는 말했다.

"예를 들어 최근에 저울 추를 만드는 회사가 한 문제에 직면했네. 1파운드의 저울 추 중 일부가 불량품으로 인해 실제로는 1.1파운드가 나가는 것이야."

"실제와 거리가 있구만"이라고 왓슨이 받았다.

"맞네, 이 경우를 상상해보게. 9개의 저울 추가 한 더미를 이루어 총 7개의 더미가 있네. 6개의 더미는 그 모든 저울 추가 1파운드 나가고, 나머지 더미의 저울 추는 모두 1.1파운드 나가네. 정확한 저울을 가지고서, 7개의 더미 중에서 어느 더미가 더 무거운 저울 추로 만들어져 있는지 알아내기 위해서, 최소 몇 번 측정을 해야 할까?"

"참으로 골치 아픈 문제구만"이라고 왓슨은 얼굴을 찡그리며 말했다. "난 정말 모르겠네."

자! 우리 왓슨 박사를 도와줄 수 있을까?

구슬은 어디에?

문제 해결 능력

★ ★ ★

런던의 번화한 도로에서 야바위꾼이 컵 세 개 중 하나 아래에 구슬을 숨긴 다음 컵의 위치를 서로 바꿔놓고 있었다. 그가 행인들에게 제시한 게임은 간단하다. 1페니를 내고 그가 컵을 움직인 다음 구슬이 어느 컵 아래 있는지 맞히면 2페니를 받을 수 있다. 본격적으로 내기를 시작하기 전에 야바위꾼은 게임 과정을 알려주기 위해 시범을 보였다. 시작 시점에 구슬은 가운데의 컵 B 아래 들어 있다고 한다. 아래 설명을 읽고 구슬이 어디로 이동하는지 잘 따라가 보자. 마지막에 구슬은 어느 컵 아래 있겠는가?

1. 컵 A와 컵 B를 서로 바꾼다.
2. 컵 B와 컵 A를 서로 바꾼 다음 컵 C와 컵 A를 서로 바꾼다.
3. 컵 B와 컵 C를 서로 바꾼 다음 컵 A와 컵 C를 서로 바꾼다.
4. 위의 과정에 들어가기 전에 시작 시점의 컵 B와 컵 C를 서로 바꾼다.
5. 사실 야바위꾼은 컵 B가 아닌 컵 C 아래 구슬을 넣어두었다.

> **질문**
>
> 구슬은 최종적으로 어느 컵에 들어 있는가?

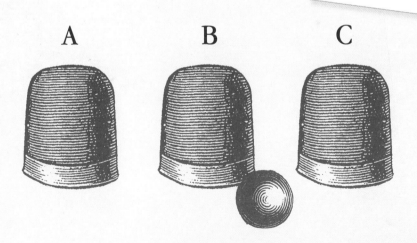

A   B   C

반지

인식 능력

★ ★ ★

가장 작은 반지에서 큰 반지 순으로 11개의 반지를 재배열해주기 바란다. 그러면, 셜록 홈즈에
등장하는 인물이 보일 것이다. 메모하지 않고 풀어보자!

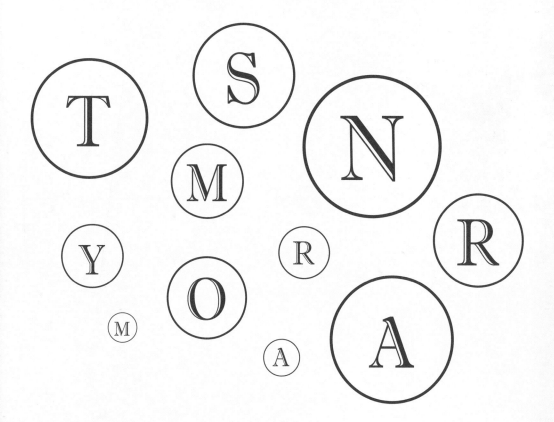

최초의 자전거

수학 능력
★ ★ ★

앨버트는 페니 파딩*을 배우는 중이다. 처음이라 어려움을 겪고 있다. 큰 바퀴가 한 번 회전할 때, 작은 바퀴는 세 번 회전한다.

앨버트가 처음으로 타기를 시도했을 때, 큰 바퀴를 13번까지 회전하고 쓰러졌다. 두 번째 시도에서는 작은 바퀴가 27번까지 회전하고 쓰러졌다. 세 번째 시도에서는 큰 바퀴가 112번까지 회전했다. 마침내 앨버트는 자전거 타기에 익숙해지기 시작했으며 내심 매우 흡족했다.

세 번의 시도를 통해서 바퀴가 총 몇 번 회전했을까?

---

* 페니파딩(Penny –Farthing) : 앞바퀴는 아주 크고 뒷바퀴는 아주 작았던 초창기의 자전거.

난해한 쪽지

기억력

★ ★ ★

1887년에 발표된 셜록 홈즈 시리즈 『보헤미아의 스캔들』로 돌아가 보자. 홈즈는 쪽지를 하나 전달받았다. 아래의 내용을 읽고서, 질문들에 답하기 바란다. 당연히 한 번만 읽고 바로 답을 작성해야 한다.

"이 메모를 쓴 사람은 짐작컨대 부유한 사람이네"라고 나(왓슨)는 마치 동료 홈즈의 제스처를 흉내 내듯이 말했다. "이런 종류의 종이는 한 묶음에 반 크라운(영국의 구 화폐)으로도 살 수가 없을걸세. 이 종이는 독특하게 단단하네, 그리고 뻣뻣하네." "독특하게! 정확한 표현이네"라고 홈즈가 응대했다. "이것은 영국에서 만든 종이가 아닐세, 불빛에 비쳐보게나."

나는 불빛에 비추었고, 대문자 'E'와 소문자 'g', 'P'와 대문자 'G' 그리고 소문자 't'가 종이에 새겨져 있는 것이 보였다.

"뭔가가 연상되지 않나?"라고 홈즈가 물었다.

"틀림없이 제작자의 이름 아니면 아마도 이름의 첫 글자들 아닐까?"

"전혀 아니네. 대문자 'G'와 소문자 't'는 독일어 'Gesellschaft'로, 의미는 회사네. Gt는 마치 Co와 같은 관례적인 표기이지. 'P'는 물론 'Papier'로 종이를 말하지. 자, 이제 'Eg'를 보세." 홈즈는 선반에서 두껍고 무거운 갈색의 지명사전을 내려놓았다. "여기 에그리아(Egria)를 한번 보게. 이 지역은 보헤미아 공화국의 칼스배드 지역에서 멀지 않은 독일어를 쓰던 지역이라네. 1798년 바이마르에서 초연된 프리드리히 실러의 희곡 『발렌슈타인의 죽음』*의 배경이 되었던 곳이지. 오랫동안 수많은 유리 공장들과 종이 공장들로도 유명했던 곳이지. 하하하, 친애하는 친구, 이제 무엇이 연상되지 않는가?" 홈즈는 눈을 반짝이며, 클레이파이프로 멋진 푸른색 구름을 만들어 부드럽게 창가로 보내고 있었다.

질문

1. 왓슨은 이 종이에 대하여 "독특하게 _____ 그리고 _____"라고 말했다.
   공란을 완성할 단어는?

2. 대문자 'G'와 소문자 't'는 독일어로 무엇을 의미하는가?

3. 우리는 에그리아가 보헤미아에 있다고 들었다. 어느 지역에서 가까운가?

4. 홈즈의 담배 파이프에서 만들어진 구름의 색은?

---

* 『발렌슈타인의 죽음』은 극작가 프리드리히 실러가 보헤미아 지역을 배경으로 완성한 3부작 드라마의 마지막 편이다.

홈즈의 탈출

문제 해결 능력

★ ★ ★

홈즈가 아래 총 36개 칸으로 구성된 미로에서 가장 빨리 탈출할 수 있도록
도와주기 바란다. 맨 좌측 상단에서 출발하고 맨 우측 하단으로 빠져나가
야 한다. 현재 있는 위치의 이미지와 같은 모양이거나 색상에 한하여, 같은
열과 행 안에서만 이동할 수 있다.

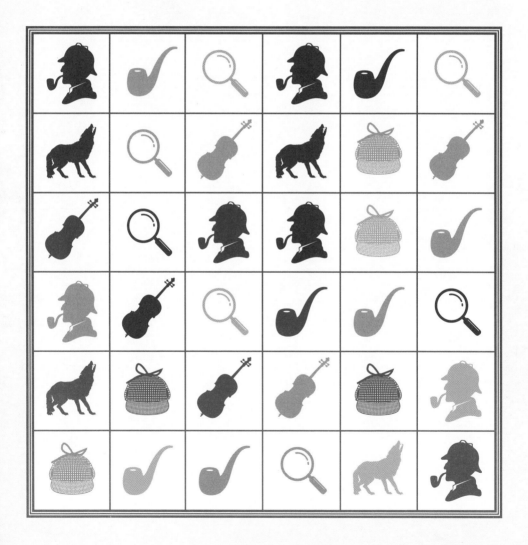

빨간 머리 갱단

문제 해결 능력

★ ★ ★

셜록 홈즈는 전원이 빨간 머리인 범죄 조직을 신문하고 있었다. 하지만 조직원이 전부 몇 명인지 불확실했기 때문에 정확한 숫자를 알아내야 했다. 정보원에 따르면 조직원은 홀수이며 전원이 가로 6.5피트, 세로 8.2피트의 직사각형 테이블에 둘러앉을 수 있다. 테이블에 앉았을 때 한 사람이 차지하는 면적이 가로 3피트, 세로 2.5피트라면 빨간 머리 갱단은 전부 몇 명인가?

워크하우스에서

수학 능력

★ ★ ★

빅토리아 시대의 워크하우스에서 교구 내의 극빈자들에게 새로운 프로그램을 실험적으로 실시했다. 워크하우스 교장에 대한 충성심의 정도에 따라서 세 그룹으로 분류하고, 충성심이 가장 높은 그룹은 8일에 하루 휴식을, 중간인 그룹은 10일에 하루 휴식을, 낮은 그룹은 15일에 하루 휴식을 주었다.

그럼 얼마나 자주 세 그룹이 동시에 같은 날 휴식을 가질 수 있었을까?

두 장의 사진

인식 능력

★ ★ ★

앨리스는 빅토리아 시대의 최초의 사진작가 중 한 명이었다. 그녀는 친구 가족을 촬영했다. 그러고 나서 수개월 뒤에 친구 가족을 동일하게 촬영했다. 자세히 보면 차이점이 있다. 몇 개가 있을까?

9X9

문제 해결 능력

★ ★ ★

"왓슨 박사, 때때로 어떤 사건에 대해서 명백해 보이는 해답이 바로 정답으로 판명되는 것은 맞네. 그러나 반면에 처음에는 잘 안 보여도 그 속에 무엇인가가 있을 수 있네. 예를 들어 아래 격자 판에 몇 개의 정사각형이 있을까?"

"81개의 정사각형이 있네. 9×9=81이 확실하지 않은가?" 왓슨이 대답했다.

"다시 한 번 보게. 그 안에 크기가 다른 정사각형이 더 많이 있네. 모든 정사각형을 다 포함하는 가장 큰 것은 물론이고, 몇 개의 정사각형이 있을까?"

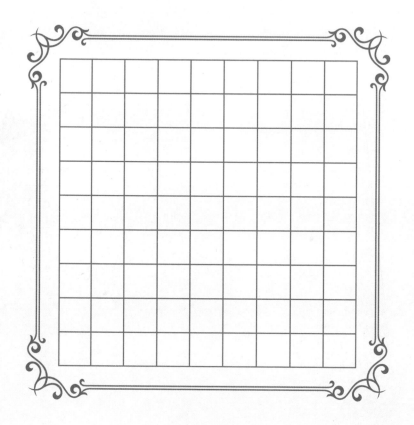

백주(白晝)의 강도

수평적 사고력

★ ★ ★

두 남자가 런던에 소재한 최고급 보석점에서 매우 비싼 금반지를 훔쳐서 달아나고 있었다. 경찰은 바짝 추격하고 있었으며, 그 두 명이 작은 별채 건물로 들어가는 것을 목격했다. 경찰관들이 밖에서 잠복하며 기다렸지만 그 두 명은 나오지 않았다. 잠시 후 경찰은 그 두 명이 건물에서 빠져나간 후에 그들을 체포하는 것보다, 현행범으로 체포하기 위해 직접 건물 내로 진입하기로 했다.

마침내 건물에 진입하여 두 범인을 붙잡았다. 그러나 반지는 어디에도 보이질 않았다. 경찰은 건물을 샅샅이 수색했고, 아무도 들어오거나 나가지 않았다는 결론을 내렸다. 반지는 마치 공중으로 사라진 듯했다. 방 안은 각종 너저분한 물건으로 가득 차 있었다. 책, 책상, 음식, 음료, 의자, 장갑과 후드 같은 옷들이 있었고, 벽에는 지도들이 걸려 있었다. 아무리 열심히 찾아봐도 반지의 행방은 오리무중이었다. 도대체 무슨 일이 일어난 것일까?

세쌍둥이

수평적 사고력

★ ★ ★

클라라, 베시 그리고 마가렛은 워크하우스에서 태어난 이후로 가장 친한 친구들이다. 세 소녀들은 같은 엄마에게서 수분 간격으로 태어났다. 더구나 모습도 똑같았다. 놀라운 것은 이 모든 사실에도 불구하고, 이 세 소녀는 실제로 세쌍둥이가 아니라는 것이다. 도대체 어떻게 된 걸까?

범죄 현장

창의력
★ ★ ★

형사들이 신고를 받고 범죄 현장에 급히 도착했는데, 다음 장면을 목격했다.
한 남자가 바닥에 죽어서 누워 있었으며, 바로 옆에 이상한 색깔의 용액이 고여 있었다. 무엇이 과연 이 사람을 이런 식의 죽음으로 몰았을까? 여러분의 창의력을 총동원하여 형사들이 도착하기 직전까지 과연 어떤 일이 일어났던 것인지 가능한 시나리오를 5개 생각해보기 바란다.

'홈즈' 스도쿠

문제 해결 능력
★ ★ ★

'HOLMES'의 6개 알파벳이 아래 격자 판의 각 열과 행 그리고 3×2의 굵은 선 영역에 단 한 번씩만 나오도록 빈칸을 채워주기 바란다.

		H			M
E				H	
			M		
		O			
	O				S
M				E	

25를 만들어라

수학 능력

★ ★ ★

빅토리아 시대의 학교 학생들은 주판을 사용하여 계산을 했다. 여러분의 수학적 지능을 활용해서 아래 다이아몬드 모양 숫자판을 채워주기 바란다.

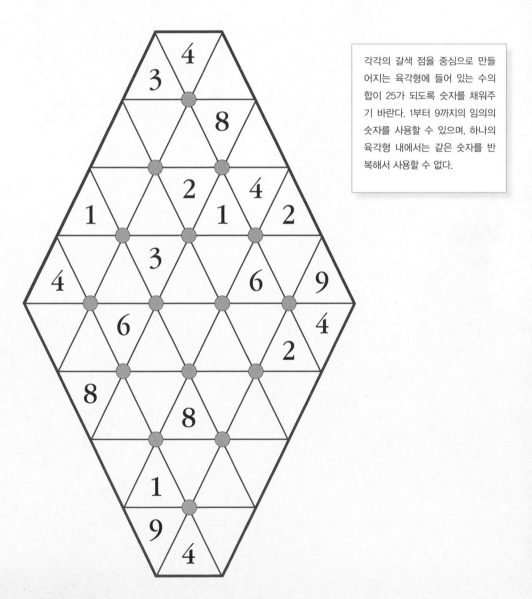

각각의 갈색 점을 중심으로 만들어지는 육각형에 들어 있는 수의 합이 25가 되도록 숫자를 채워주기 바란다. 1부터 9까지의 임의의 숫자를 사용할 수 있으며, 하나의 육각형 내에서는 같은 숫자를 반복해서 사용할 수 없다.

어둠 속의 독서

수평적 사고력

★ ★ ★

스미스 경은 어둠이 깔린 저녁, 안락한 서재에 앉아 좋아하는 소설을 탐독하고 있었다. 과거와 달리 빅토리아 시대는 땅거미가 진 후에도 책을 읽는 것이 문제가 되지 않았다. 왜냐하면 기술의 발달로 가스등이 발명되어 많은 가정에 설치된 덕분이었다. 순간 갑자기 스미스 경의 방에 가스등이 꺼져버리고 어둠 속에 갇혀버렸다. 그런데 놀랍게도 스미스 경은 아무런 문제가 없다는 듯이 독서를 계속했다. 촛불을 켜지도 않았으며, 또는 다른 형태의 조명의 도움이 없이도 말이다. 이게 도대체 어떻게 가능했을까?

3개의 담배 파이프 상자

문제 해결 능력

★ ★ ★

왓슨 박사는 담배 파이프를 사기 위해 셜록과 같이 시내에 있는 담배 전문점으로 향했다. 상점 안은 소란스러웠으며, 주인이 격분하여 주먹을 휘두르며 소리를 쳤다. "도대체 영문을 모르겠네. 왜 모든 담배 파이프 박스에 라벨이 엉터리로 붙어 있는 거야!" 그는 두 종류의 담배 파이프, 즉 클레이 파이프와 브라이어 파이프*를 팔고 있었다.

그가 가리킨 선반에는 세 개의 상자가 놓여 있었다. 각각 라벨이 '클레이 파이프' '브라이어 파이프' 그리고 '클레이와 브라이어 파이프'라 붙어 있었다.

"걱정 마세요." 왓슨이 말했다. "저희가 모든 상자로부터 파이프를 꺼내서 하나하나 각각 맞는 상자에 넣어드리지요."

"왓슨 박사, 그렇게까지 할 필요는 없네"라고 홈즈가 말했다. "한 상자에서 하나의 파이프만 꺼내보면 되네. 그러면 상자에 맞게 라벨을 다시 부착할 수 있지."

당신은 홈즈의 생각에 동의하는가?

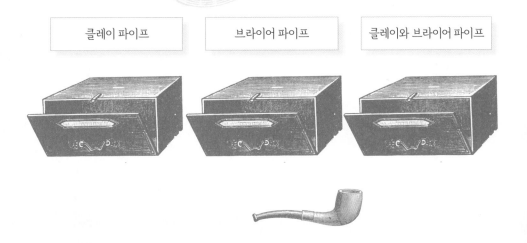

| 클레이 파이프 | 브라이어 파이프 | 클레이와 브라이어 파이프 |

* 클레이 파이프 : 흙을 구워서 만든 도제(陶製) 담배 파이프
  브라이어 파이프 : 들장미과의 일종인 브라이어 나무의 뿌리로 만든 담배 파이프.

행복한 은행 강도

수평적 사고력

★ ★ ★

벼락부자가 되고 싶어하던 강도가 있었다. 이 강도는 단독으로 범행을 저지르려 은행에 침입했다. 그런데 잠시 후 어떤 일인지 그는 돈을 한 푼도 안 가지고 은행을 나왔다. 그럼에도 이 강도는 매우 흡족해 보였다. 도대체 어떤 일이 일어난 걸까?

딸기 농장

수평적 사고력

★ ★ ★

빅토리아 시대에 나라에서 농장을 임대해주는 제도가 시행되었다. 공장 노동자인 존은 딸기 농장을 성공적으로 운영했다. 존의 농장에서 딸기가 잘 생산되자, 다른 임대 농장 운영자들이 시기하기까지 했다.

존은 아홉 그루의 딸기나무를 경작 중이다. 하루에 한 그루에서 딸기가 열한 개씩 생산된다면, 27일 기준으로 보면 얼마나 많은 산딸기가 농장에서 출하될까?

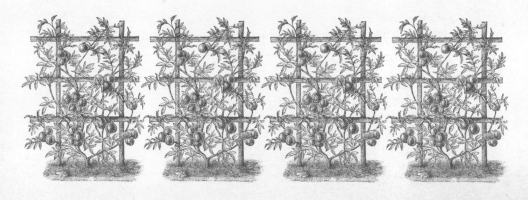

뺄셈

수평적 사고력

★ ★ ★

빅토리아 시대 교실에서는 학생들이 점토판에 분필로 써가며 공부했다. 그런데 수학 선생님이 어려운 문제를 내었고 학생들에게 분필을 사용하지 않고 순전히 머리로만 풀도록 했다. 자, 그러면 똑같이 해볼까? 197이라는 숫자에서 7이라는 숫자를 몇 번 뺄 수 있을까?

금메달을 향해서

수평적 사고력

★ ★ ★

아치볼드는 매우 유능한 운동선수였다. 여러 체육대회에서 젊은 선수들과 경쟁하곤 했다. 그는 높이뛰기와 넓이뛰기에서 1등을 차지했다. 그는 그 시합에서 정정당당하게 승리했으며, 실격을 당하지 않았다. 그럼에도 불구하고 금메달을 받을 수 없었다. 도대체 무슨 이유일까?

홈즈의 메모

문제 해결 능력

★ ★ ★

셜록은 왓슨 박사에게 다음과 같은 메모를 남겼다.

자! 셜록이 과연 누구를 뒤쫓고 있을까?

왓슨 박사는 셜록이 어제 화학 실험을 했다는 것을 기억해냈다.

친애하는 왓슨 박사

나는 용의자를 뒤쫓고 있네.
만일 앞으로 몇 시간 동안 나로부터 연락이 없으면,
경찰에게 연락해서 그 용의자의 이름을 알려주게.
그 이름을 아래에 가장 기초적인 숫자로 적었네.

74.1.53.52.67.92.34

셜록으로부터.

수술대

수평적 사고력

★ ★ ★

한 용감한 남자가 병원의 수술대 위에 누워 있다. 통증을 줄이는 마취약조차 없었다. 이 남자는 사소한 주먹질에서 시작해서 싸움이 격해지면서 마침내 총까지 여러 발 맞은 상태이다. 의사는 다리에서 총알을 제거했다. 그런데 이 남자는 의식이 또렷이 있음에도 신음을 내거나 고통스러운 모습을 전혀 보이지 않았다. 도대체 어떻게 된 일일까?

4대 발명품

문제 해결 능력

★ ★ ★

빅토리아 시대의 4대 발명품이 아래 그림판에 그려져 있다. 재봉틀, 자전거, 백열등 그리고 축음기. 아래 그림판에 이 네 개의 발명품이 64개 들어가 있다. 이 전체 그림을 한 개의 그룹에 4개의 발명품이 각각 하나씩 포함되도록 해서 여러 그룹으로 분리해주기 바란다.

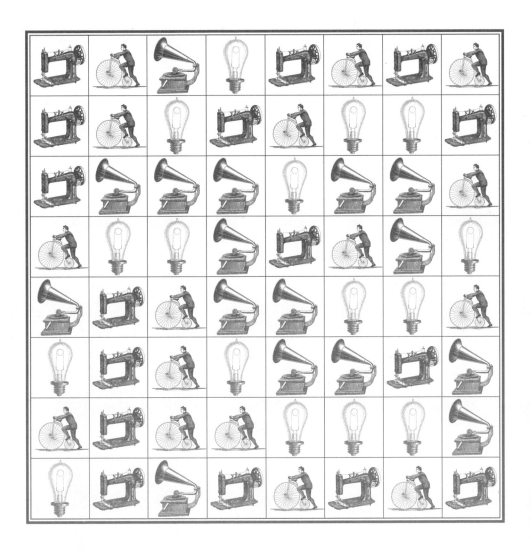

체중과 발자국

문제 해결 능력

★ ★ ★

레스트레이드 경감은 세 명의 용의자를 앞에 놓고 심문하고 있었다. 첫 번째 용의자는 154파운드, 두 번째 용의자는 162파운드, 그리고 세 명의 평균 체중은 155파운드이다.

현장을 돌아보고 때맞춰 경찰서에 도착한 셜록은 "진흙에 남겨진 발자국의 깊이로 추정해보면 범인의 체중은 150파운드를 넘지 않을 것이네"라고 말했다.

과연 사건의 범인이 레스트레이드 경감이 체포해온 세 사람 중에 있을까?

하트 퀸

수학 능력

★ ★ ★

한 무리의 신사들이 모여서 파이프 담배를 즐기며 카드게임을 하고 있었다. 브리지게임을 같이 하던 동료의 도착이 늦어지고 있었다. 기다리는 와중에, 신사 중 한 사람이 문제를 냈다.

"내가 52개의 카드 중에서 한 개를 무작위로 뽑았네, 그리고 카드 앞면을 바닥을 보게 해서 테이블 위에 놓았네. 이어서 두 번째 카드도 뽑아서 같은 방식으로 놓았네. 그러고서 카드를 뒤집어보니, 첫 번째 카드가 하트 에이스이고 두 번째가 하트 퀸이네."

과연 52장 카드에서 두 개의 카드를 이와 같은 순서로 뽑을 확률은?

담배 파이프

문제 해결 능력

★ ★ ★

셜록은 알다시피 파이프 담배를 즐기는 애연가이다. 셜록이 소장하고 있는 한 무더기의 담배 파이프들이 아래 그림처럼 쌓여 있다. 그림에서 가장 바닥에 깔려 있는 파이프는?

진실 게임

문제 해결 능력

★ ★ ★

빅토리아 시대 사람들은 도덕성을 존중했다. 그러나 앨저넌은 타고난 거짓말쟁이로 입에서 나오는 모든 말이 죄다 사실과 거리가 있었다. 다만 일주일에 단 하루 금요일만 거짓말을 하지 않았다. 그의 아내 베아트리체는 좀 나은 편이었는데, 일주일에 5일은 사실을 말했으나 목요일과 금요일은 거짓말에 빠져 살았다.

어느 날 베아트리체에게 "오늘은 무슨 요일인가요?"라고 질문했다. 그러자 그녀는 "오늘은 금요일입니다"라고 대답했다. 과연 금요일이 맞을까? 아니면 정확하게 무슨 요일일까?

다시 베아트리체에게 "오늘은 무슨 요일인가요?"라고 질문했다. 그러자 그녀는 "오늘은 토요일입니다"라고 대답했다. 이어서 동일한 질문을 앨저넌에게 했다. 그러자 그는 "확실합니다. 오늘은 토요일입니다"라고 대답했다. 과연 토요일이 맞을까? 아니면 정확하게 무슨 요일일까?

인구 폭발

수학 능력

★ ★ ★

빅토리아 시대는 영국에서 전례 없이 인구 폭발이 있었던 기간이다. 인구가 1831년 1,390만 명에서 1901년에 3,250만 명으로 크게 증가했다. 이 기간 동안 인구 증가율은 반올림해서 몇 퍼센트가 증가했나?

추적견

문제 해결 능력

★ ★ ★

셜록은 사건 해결을 위해 전문 추적견의 지원을 요청했다. 아래 두 숫자판을 주의 깊게 살펴보고 숫자가 다른 영역을 음영 처리해주기 바란다. 그러면 추적견의 이름이 보일 것이다.

83	20	27	50	45	48	9	46	60	97	28	40	30
76	21	58	67	39	61	89	1	24	10	70	6	49
22	56	22	37	72	50	48	58	99	58	62	93	46
68	17	42	69	49	4	69	9	17	78	93	89	78
97	27	92	97	48	43	94	22	54	6	76	9	41
1	20	29	99	7	23	30	36	90	91	22	57	54
40	67	85	33	85	69	26	31	70	83	10	10	94
92	41	76	9	11	74	98	62	63	56	83	70	2
2	30	94	62	19	2	2	97	32	95	48	68	44
50	93	44	96	68	55	57	21	86	4	4	17	4
49	6	23	22	91	66	55	69	88	21	88	45	53
8	5	61	64	26	65	73	33	76	46	15	25	37
84	10	74	98	55	38	64	86	13	14	34	15	64

4	26	63	63	84	48	66	40	22	16	86	40	30
76	21	95	67	39	61	77	1	24	10	54	6	49
22	56	79	37	72	50	8	58	99	58	95	93	46
68	17	81	69	49	4	27	9	17	78	10	89	78
97	27	41	97	48	43	18	63	19	34	38	9	41
1	20	29	99	7	23	30	36	90	91	22	57	54
96	73	4	21	40	69	65	31	70	83	25	10	94
50	41	76	9	98	74	55	62	63	56	30	70	2
76	30	94	62	70	2	77	61	32	8	96	68	44
73	93	85	6	68	55	57	9	1	87	4	17	4
79	6	23	22	32	66	55	69	95	21	88	45	53
9	5	61	64	87	65	73	33	74	46	15	25	37
25	29	45	44	74	38	64	86	19	14	34	15	64

로마 숫자

수학 능력

★★★

빅토리아 시대 학교에서는 어린 학생들에게 로마 글자와 숫자를 가르쳤다. 선생님들은 로마숫자*를 가까이 하게 하려고 의도적으로 숫자 퀴즈를 냈다. 아래 숫자판에 1부터 9까지의 로마숫자(I-IX)를 사용해서 테두리의 갈색 칸에 표기된 숫자가 합계가 되도록 채워주기 바란다. 열을 따라서 왼쪽에서 오른쪽으로, 행을 따라서 위에서 아래 방향으로 합산을 하기 바란다.

여러분의 시작을 위해 'III'을 채워놓았다.

	×		−		XLIV
+		×		÷	
	+		−		XI
×		+		÷	
	+	III	÷		VI
XCIX		LIX		II	

* 1, 2, 3, 4, 5, 6, 7, 8, 9, 10, 11, 12   I, II, III, IV, V, VI, VII, VIII, IX, X, XI, XII

떨어트린 열쇠

문제 해결 능력

★ ★ ★

홈즈로부터 임무를 의뢰받은 베이커 스트리트 특공대 멤버들은 유력한 강도 용의자를 미행하고 있었다. 순간 이 강도 용의자의 주머니에서 실수로 물건이 떨어지는 것이 눈에 들어왔다. 멤버들은 신속하게 떨어진 물건을 수거해서 홈즈에게 전달했다. 물건은 들쭉날쭉한 모양으로 깎은 열쇠였다.

홈즈는 범인이 살 것으로 추정되는 일곱 채의 집에 대하여 이 열쇠가 맞는지 조사하기로 했다. 과연 이 열쇠는 범인의 소재를 알아내는 결정적 증거가 될 수 있을까?

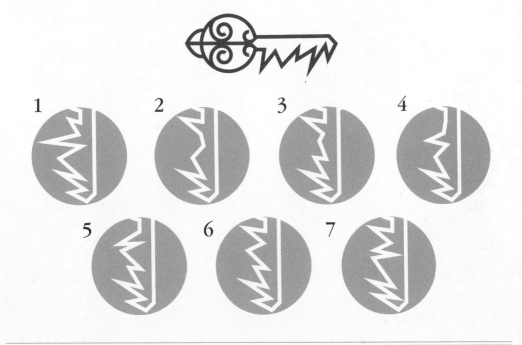

스코어는?

수평적 사고력

★ ★ ★

마이크로프트(MYCROFT) 28, 셜록(SHERLOCK) 32, 왓슨(WATSON) 24. 그러면 모리어티(MORIARTY)는?

사슴 사냥꾼

수학 능력

★ ★ ★

빅토리아 시대에 사슴 사냥꾼은 항상 전용 모자를 착용했으며, 사슴을 사냥할 때 나름대로 철칙을 갖고 있었다. 첫 사격을 해서 목표했던 사슴을 명중 못 시켰을 경우에는 더 이상 같은 사슴에 대한 사격을 멈추었다. 즉, 사슴이 도망가도록 기회를 주었다.

만일 사냥꾼이 네 발을 사격하면 한 발이 명중하는, 즉 25%의 명중률을 갖는다면, 다섯 발을 사격해서 그중에 네 발이 원하던 사슴에 명중할 확률은?

세 명의 키 작은 용의자

문제 해결 능력

★ ★ ★

세 명의 키가 작은 사기꾼이 길거리에서 사기행각을 벌여 남의 돈을 빼앗고 있었다. 세 명의 신장은 각각 5피트 1인치, 5피트 2인치, 5피트 3인치이다. 한 친구는 바람잡이로서 사람을 유인했고, 나머지 두 친구는 게임 배당이 자기들 앞으로 일방적으로 치중해서 발생되도록 해놓고 직접 참여했다.

아래의 단서들을 가지고 이 세 사기꾼의 정확한 신장과 나이를 알아맞히기 바란다. 세 사람의 나이는 30세, 37세 및 44세다. 필기를 하지 말고 순전히 머리만 써서 아래 표에 해답을 써 넣기 바란다.

가장 나이가 어린 사기꾼은 제일 키가 크지도, 작지도 않다.

레스터는 제일 키가 큰 사람은 아니고, 또한 제일 나이가 많은 사람도 아니다.

하비는 제일 나이가 많지 않고, 또한 제일 어리지 않으며, 또한 제일 크지도 않다.

이름	신장	나이
하비		
러셀		
레스터		

나폴레옹과 바다제비

셜록 홈즈 시리즈에서 모리어티 교수는 나폴레옹에 비교된다. 한편 홈즈가 바다제비*에 비교한 인물은 누구인가?

* 바다제비는 폭풍우를 예고하는 새로 알려져 있다. 말썽을 일으키는 사람을 비유하는 말이기도 하다.

맞는 열쇠

문제 해결 능력

★ ★ ★

12개의 열쇠가 아래 그림처럼 한 무더기로 쌓여 있다. 가장 맨 밑에 깔려 있는 열쇠가 바로 중요한 서류가 들어 있는 금고에 맞는 것이다. 자! 이제 그 열쇠를 찾아주기 바란다.

오렌지 씨앗

수학 능력

★ ★ ★

아래 그림을 보면 오렌지 씨앗 5개가 가로 3개, 세로 3개씩 정사각형으로 배열된 작은 상자 9개에 X 자 모양으로 담겨 있다.

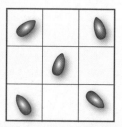

씨앗 5개가 각각 하나씩 상자에 담겨야 한다고 할 때, 이 9개의 상자에 씨앗을 담는 방법은 몇 가지나 될까?

탐정의 책상

문제 해결 능력

★ ★ ★

아래는 바로 셜록의 책상이다. 두 사진을 보고 차이점을 총 9개 찾아주기
바란다.

지문

문제 해결 능력

★ ★ ★

아래 그림 A부터 E까지의 다섯 개의 엷은 갈색 지문들은 셜록이 용의자들로부터 채취한 것이다. 오른쪽 밑의 짙은 갈색은 확보된 범인의 지문이다. 과연 용의자 중에 범인이 있는가? 있다면, 누구인가?

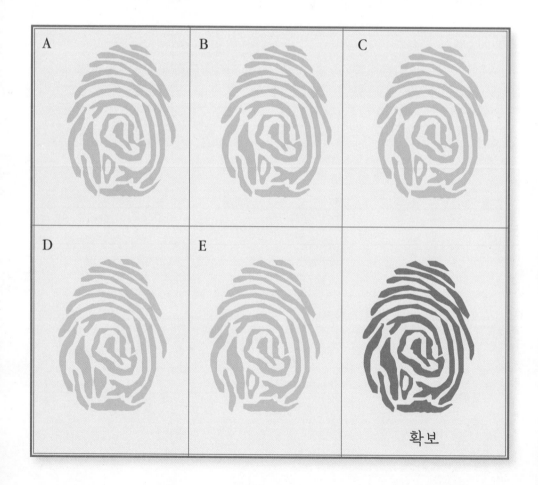

세 개의 연도

문제 해결 능력

★ ★ ★

아래 숫자판에서 오른쪽에 나열된 16개의 숫자 열을 찾아주기 바란다. 가로 또는 세로 방향으로 한 번에 한 칸씩 인접하여 이동하면서 찾는다. 찾고자 하는 하나의 숫자 열을 위해 동일한 칸을 두 번 이상 지나가지 않는다. 16개의 숫자 열이 다 찾아졌으면, 숫자판에서 총 12개의 칸이 찾아진 숫자 열이 중복되게 걸쳐 있는 것이 보일 것이다. 그 12개의 숫자를 좌에서 우 방향으로, 그리고 위에서 아래 방향으로 읽어주기 바란다. 그러면 의미가 있는 세 개의 연도가 드러날 것이다. 자! 이 세 개의 연도가 무엇을 의미할까?

1	3	5	0	2	4	9	2	8	8	022890
6	2	4	4	5	6	8	0	4	2	11935
2	8	0	2	1	9	1	3	8	4	135428
5	9	6	3	3	4	7	7	1	5	16259
0	7	2	7	7	2	4	2	8	3	17738
2	1	7	4	8	1	1	5	2	5	2451835
2	8	9	0	2	3	9	3	4	8	24680
2	7	3	2	0	3	8	2	5	0	276175
8	6	1	8	0	9	1	1	7	2	3342427
0	5	7	0	9	7	6	7	8	9	48209

022890
11935
135428
16259
17738
2451835
24680
276175
3342427
48209
79328
81678920
88481
91125
913772
98191

그림 기억하기

기억력

★ ★ ★

아래의 그림을 30초 동안 주시하기 바란다. 그리고 질문에 답을 해보자! 그림을 다시 보면 안 된다.

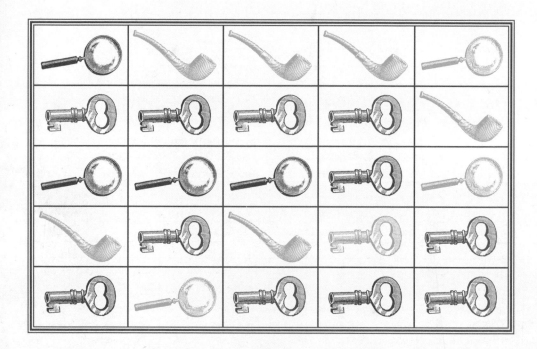

질문

1. 열쇠, 담배, 파이프, 그리고 돋보기 중 가장 많이 나오는 물건은?

2. 갈색, 진한 파랑색 또는 밝은 파랑색 중 가장 많이 나오는 색은?

3. 정확히 일곱 번만 나오는 물건은 무엇인가?

박람회

수학 능력

★★★

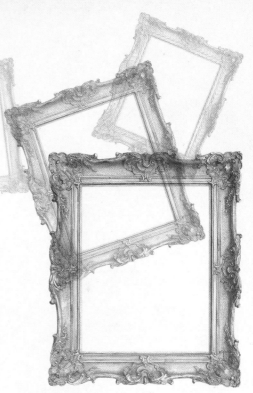

1851년 런던에서 열린 박람회*를 맞이하여, 두 화가가 그 박람회를 주제로 일련의 그림을 그리도록 의뢰를 받았다. 그 기간 동안 두 화가는 그림을 여러 장 그렸다. 한 화가는 수채화 전문이고, 다른 화가는 유화 전문이다. 박람회 동안 총 92장의 그림이 완성되었다. 수채화가 유화보다 24장 더 많이 그려졌다. 두 화가가 두 종류의 그림을 각각 몇 장씩 그린 것인가?

* 박람회(Great Exhibition) : 1851년 5월부터 10월까지 5개월 동안 런던에서 당시 특별히 철과 유리로 거대하게 지어진 수정궁에서 열렸다. 전 세계 6백만 명의 방문객이 방문하여 최신 기술과 전 세계에서 온 유물들을 관람했다.

기이한 백만장자

문제 해결 능력

★★★

한 신사가 길모퉁이에 서서 지나가는 사람들을 상대로 기이한 거래를 하고 있다. 사람들에게서 1실링을 받고 1파운드를 내어주는 것이다. 지나가는 사람 입장에서 보면 너무 좋아서 믿기지 않을 정도이다. 반면에 이 기이한 거래에서 이 신사가 돈을 벌기는커녕 잃을 수밖에 없다는 것은 너무나 자명한 것이다. 그런데 이 신사는 자타공인 백만장자라고 한다. 도대체 어떻게 이런 일이 가능할까?

안전지대 1

문제 해결 능력

★ ★ ★

"왓슨, 어떠한 문제를 시각화할 수 있다는 것은 사건의 전개를 신속하게 머릿속에서 그려볼 수 있다는 점에서 사건 해결에 매우 중요한 테크닉일세"라고 홈즈는 말했다.

아래 격자 판을 살펴보고 가능한 한 짧은 시간에 가장 안전한 칸이 어느 것인지 알아낼 수 있을까? 안전한 칸이 딱 하나 있다. 그 칸을 찾아주기 바란다.

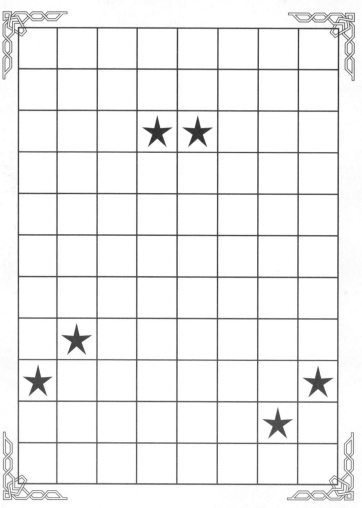

별 모양을 갖고 있는 칸은 옆의 칸을 공격할 수 있는 소위 '공격 칸'이다. 자신과 같은 열이나 행 그리고 대각선 방향의 어떤 칸이라도 공격할 수 있다. 머리를 써서 퍼즐을 풀어보기 바란다.

안전지대 2

문제 해결 능력

★ ★ ★

안전지대 1과 게임규칙은 동일하다. 차이점은 동그라미가 들어 있는 칸은 옆의 칸을 공격할 수 있는 소위 '공격 칸'이다. 그러나 자신과 같은 열이나 행에 있는 칸만을 공격할 수 있다. 안전한 칸이 딱 하나 있다. 그 칸을 찾아주기 바란다.

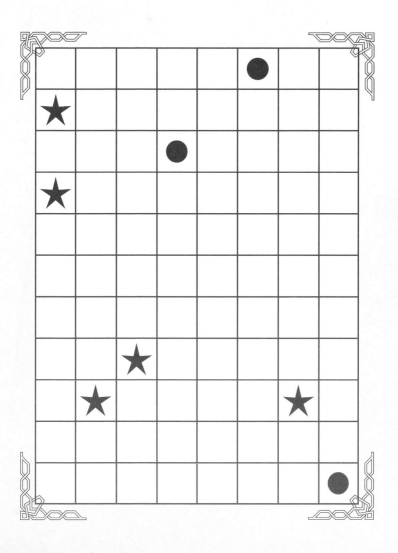

이름과 스코어

수평적 사고력

★ ★ ★

만일 셜록(Sherlock)의 스코어가 150점, 홈즈(Holmes)의 스코어가 1,050점, 레스트레이드 (Lestrade)의 스코어가 550점이라면, 모리어티(Moriarty)의 점수는?

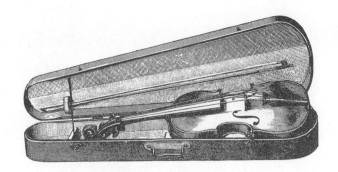

바이올린 연주

수평적 사고력

★ ★ ★

셜록은 가장 섬뜩한 사건을 조사 중이었다. 바이올린 마에스트로가 정신 이상 증상을 보이더니, 그가 속해 있던 오케스트라의 단원들을 연쇄적으로 살해했다. 겉보기에는 무차별적 살인으로 보였다. 셜록은 이 살인 행위의 패턴을 파악해 다음 목표가 될 수 있는 대상자를 예측해야만 했다.

지금까지 세 명이 살해당했는데 모두 각자의 집에서 죽음을 맞이했다. 하녀들의 증언에 따르면 살인이 있을 때마다 의심스러운 바이올린 연주 소리가 퍼져 나왔다. 하녀들이 방으로 들이닥치면, 살인자는 이미 도망친 뒤였다고 한다. 세 명의 살해당한 단원은 그 이름이 에이더(Ada), 게이브(Gabe) 그리고 파이(Fae)였다. 아래 세 명의 단원 중에서 어느 누가 과연 다음 공격의 희생자가 될 것 인가 율라(Eula), 게일(Gale) 그리고 베아(Bea)?

애도

수학 능력

★ ★ ★

빅토리아 여왕은 그녀의 남편인 앨버트 공이 1861년 12월 14일 세상을 떠난 뒤로 재임기간 동안 오로지 검은 옷만 착용했다. 빅토리아 여왕은 1901년 1월 22일 타계했다. 사별한 이후 빅토리아 여왕이 혼자 산 기간은 날짜로 총 며칠인가? 이 기간 동안 첫 번째 윤년은 1864년이었으며, 1990년은 윤년이 아니었다.

커다란 느릅나무

수학 능력
★ ★ ★

빅토리아 시대 부유한 가정에서 태어난 수학 가정교사가 가르치는 소년을 가족 소유의 사유지에 데리고 가서 산책을 하고 있었다. 그는 소년에게 여기에 있는 나무들의 키를 측정해보라고 문제를 주었다.

오늘 소년은 이 사유지에서 가장 큰 느릅나무의 높이를 측정해야만 한다. 소년은 지상에서 60도 각도로 연을 띄었다. 연은 지상에서 60도 각도를 유지하며 날아가 정확하게 나무의 끝에 도달했다. 이때 연줄의 총길이는 120 피트였다.

자! 이 큰 느릅나무의 높이는 얼마일까?

이륜마차 마부

문제 해결 능력
★ ★ ★

한 이륜마차 마부가 모리어티 교수와 친분이 있어서 범죄 현장에서 도주하는 것을 도와준 적이 있다. 경찰은 이 마부를 찾고 있다. 아래 A부터 G까지 일곱 명 중에서 어느 누가 이 마부인가? 이들은 신장순으로 서 있으며, A 마부가 키가 가장 작고 G 마부가 가장 크다.

우리가 찾고 있는 마부는 가장 가운데 있는 마부로부터 두 사람 이상 떨어져 있지 않다. 가장 가운데 있는 마부로부터 두 사람만큼 떨어져 있는 두 사람은 우리가 찾고 있는 마부로부터 두 사람만큼 떨어져 있지 않다. 우리가 찾고 있는 마부는 양쪽에 마부들이 서 있으며, 그의 오른쪽에는 왼쪽보다 사람이 더 많이 서 있다.

유럽 여행

수평적 사고력
★ ★ ★

한 부유한 빅토리아 시대 신사가 그의 문화적 견문을 넓히기 위해 유럽을 여행했다. 스코틀랜드에 가서는 파랑색 상의와 하얀색 하의를 입었다. 덴마크에 가서는 하의는 그대로, 상의는 빨간색으로, 그리스에 가서는 스코틀랜드에서 입은 색으로 돌아갔다. 이 여행의 마지막 방문지인 스웨덴에서는 어떤 색상의 상의와 하의를 입었을까?

링크 연결하기

문제 해결 능력

★ ★ ★

아래 숫자판에는 빅토리아 시대 대표적 발명품이 숨어 있다. 숫자를 따라가며 해당 칸을 하나 하나 음영 처리해나가면 그 발명품이 드러날 것이다.

먼저 시작으로, '1'이 들어 있는 모든 영역을 음영 처리한다.

'1' 이외의 다른 숫자들은 예외 없이 한 쌍으로 구성된다. 그 한 쌍으로 된 숫자를 찾아 인접한 두 영역을 음영 처리한다. 그리고 한 쌍의 숫자가 인접하여 있지 않고 떨어져 있는 경우에는 두 숫자가 들어간 영역 포함, 그 사이의 중간 영역에도 하나로 연결하여 음영 처리한다. 이 경우 한 쌍의 숫자는 서로 연결되는 영역들의 양쪽 끝이 된다.

영역 간의 이동은 가로 및 세로 방향으로만 가능하다. 그리고 각각의 영역은 반드시 한 경로에만 소속된다. 즉 중복되어서 다른 경로에 포함될 수 없다.

1	2	3	4	5	6	7	8	9	10	11	12	13	14	15
					5			5						
				3	3			3		3				
			2	2						2	2			
		3										3		
		3	3									3	3	
				3		3	3		3					
		3			3			3					3	
		5											5	
					3			3						
					2			2						
					2	3		3	2					
		5	2			1		3				2	5	
			2					3				2		
				2	2			3		2	2			
				1	2		3		1	2	2			
					2	3	3			3				
					3									
								3		3	3			
					3	1				2	2			
					3	3	3				3			
					3			2	2	2	3			
					1					2				
						3		3						

이웃 연결하기

문제 해결 능력

★ ★ ★

이번에는 좀 더 어려운 퍼즐을 제시해보겠다. 격자 안에 적힌 숫자에 따라 해당 칸을 색칠하면 빅토리아 시대의 또 다른 발명품이 드러날 것이다. 격자 안에 적힌 숫자는 인접 영역에서 색칠해야 할 칸의 숫자를 의미한다. '인접 영역'이란 가로, 세로, 대각선으로 연결된 모든 칸과 숫자가 적힌 칸을 포함한다. 따라서 0이라고 적힌 칸과 가로, 세로, 대각선으로 연결된 모든 칸은 색칠하지 않고 비워두어야 하며, 반면 9라고 적힌 칸과 가로, 세로, 대각선으로 연결된 모든 칸은 색칠되어야 한다. 설명에 따라 퍼즐을 풀어보자.

1					3		3		
	5		3			3	5		3
		6	4		3	3			5
6		5				3	3	5	6
			4	3		3		6	
3	5	4		0	0		0	2	5
			4	2			2	4	1
	3		3			4	3		
0	3	3			6	6			
0		3			3		5	3	3
			5		6	3			
			2		3	2	3		
0			3	6	7			3	
			3			3			
0	3		3		4	6	3		
						3	3		0
	3	3			6				
			3		2	5			
		3	3		7	5	3	3	0
0				4	4	2			
0	3		3		5			3	0
		3	0		5				
	4	4		3	5	8	0	4	4
3	6	6		5		8	3	5	
			3						3

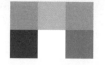

패턴을 찾아라

인식 능력

★ ★ ★

순식간에 스쳐가는 사건 현장에서 패턴을 재빨리 인식하는 능력은 필수적이다. 아래 모자이크 판에서 위의 제목에 있는 6개 조각 패턴이 한 번 나타난다. 그 한 번을 가장 빠르게 찾아내라!

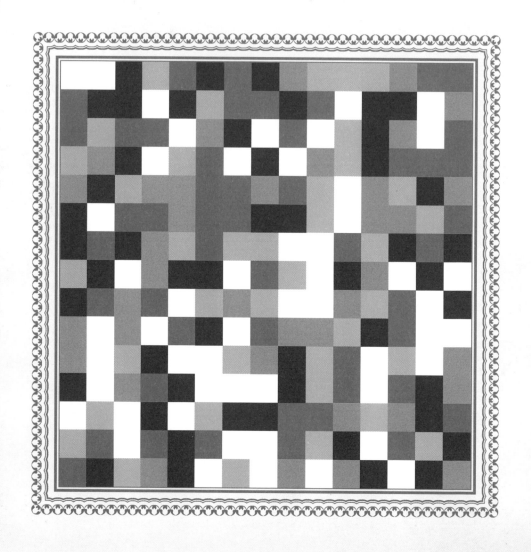

빅토리안 열차

문제 해결 능력

★ ★ ★

빅토리아 시대에 열차는 많은 사람들에게 사랑과 호기심의 대상이었다. 기차역까지 가서 들어오는 열차를 관찰하고 번호를 기록하는 것을 즐기는 사람들이 많이 있었다. 한 젊고 열정이 넘치는 사람이 기차역에서 세 대의 개성 있는 열차를 보기 위해 기다리고 있었다. 기차의 이름은 각각 스팀드림, 피스톤푸셔 그리고 코울처거이다. 하나는 최고 시속이 55마일, 나머지는 60마일 및 65마일이다. 하나는 색상이 빨간색이고 나머지는 각각 파랑색 및 녹색이다. 자, 이제 세 열차의 색상과 최고 시속을 정확히 아래 표에 적어주기 바란다.

코울처거는 가장 빠른 열차가 아니며, 스팀드림은 가장 느린 열차가 아니다. 파랑색 열차가 가장 느리다. 녹색 기차가 가장 빨랐으며 피스톤푸셔라고 불리지 않았다. 코울처거는 빨간색이다.

열차 이름	최고 시속	색상
스팀드림		
피스톤푸셔		
코울처거		

'킬러' 스도쿠

문제 해결 능력

★ ★ ★

옆의 알파벳으로 들어차 있는 격자 판에 홈즈가 찾고 있던
악명 높은 살인자가 숨어 있다.

L	C	J	A	V	E	Z	F	M
O	X	N	L	O	E	E	K	K
T	J	L	D	F	M	E	K	C
E	J	E	L	C	F	M	M	K
D	S	E	U	I	S	Z	K	E
R	K	N	L	W	K	I	K	R
O	H	O	S	A	P	A	O	S
A	O	V	N	K	T	D	M	A
F	S	A	N	S	P	B	N	K

특명 : 살인자의 이름을 알아내라.

그 시작점은 아래의 숫자판에서 하나의 숫자를 찾아내는
것이다. 1~9의 숫자를 각 한 번만 사용해서 아래 숫자판
안에 있는 각각의 3×3 박스에 채워 넣는다. 그리고 점선
표시된 박스의 좌측 상단에 표시된 숫자는 그 점선 표시된
박스 안의 모든 숫자의 합계이다. 점선 표시 박스 안에는 같은 숫자가 두 번 들어갈 수 없다.
숫자판의 91개 칸이 다 채워졌으면, 그 숫자판을 응시하라. 과연 1부터 9까지의 아라비아숫자
중에서 그 어느 '하나의 숫자'가 살인자의 이름을 찾아주는 열쇠일까?

힌트 : 눈에 띄는 하나의 아라
비아숫자가 결정되면
그 숫자의 위치를 주
목한다. 그리고 알파벳
글자를 찾아낸다.

15	17	8	9		22			6
			11	20			15	
5		9				13		10
	23		17		13			
			12	5			10	6
17					11			
11		10			11		14	
	19		16	12		5	13	
10							10	

11명의 등장인물

문제 해결 능력

★ ★ ★

오른쪽 박스 안에 있는 10명의 이름을 보기 바란다.
뭔가 하나의 공통점이 있다. 우리의 주인공 셜록 홈
즈를 포함해서 모두 셜록 홈즈 시리즈에 나오는 등장
인물들이다.

그런데 또 다른 한 인물이 그 안에 숨어 있다. 과연
누구일까?

MACDONALD(맥도날드)

COOK(쿡)

WINDIBANK(윈디뱅크)

BRADSTREET(브래드스트리트)

RANCE(랜스)

ANDERSON(앤더슨)

STONER(스토너)

ROYLOTT(로이로트)

HOLMES(홈즈)

GREGORY(그레고리)

여우와 닭

수평적 사고력

★ ★ ★

산업 혁명에서부터 빅토리아 시대에 이르기까지 농촌 환경도 많은 변화를 겪었다. 그 와중에도
변하지 않은 것이 하나 있었으니 바로 여우와 닭의 관계다.

사람들이 아무리 담장을 높이 올려도 이 대담한 여우는 제 맘대로 닭장을 넘어 들어온다. 이 뻔
뻔한 여우는 1월 4일 닭을 5마리, 3월 9일에는 12마리, 5월 12일에는 17마리를 잡아먹었다. 그
러면 4월 17일에는 몇 마리를 잡아먹었는가?

세 명의 용의자

문제 해결 능력

★★★

홈즈는 본인의 사조직인 베이커 스트리트 특공대에게 다음 세 명의 용의자를 조사하도록 임무를 부여했다. 각각 그리그스(Griggs), 웨이크필드(Wakefield) 그리고 채토웨이(Chattoway)이다. 이제, 이 세 사람의 머리색과 나이를 알아내기 바란다. 한 사람은 갈색 머리, 나머지는 금발 및 빨간 머리를 가졌다. 나이는 24세, 34세, 44세이다.

이름이 가장 짧은 사람은 34살이 아니다. 44살 먹은 사람은 금발 머리이다. 24살 먹은 사람은 갈색 머리가 아니다. 채토웨이는 30대가 아니다. 그리그스는 빨간 머리이다.

이름	머리색	나이
그리그스(Griggs)		
웨이크필드(Wakefield)		
채토웨이(Chattoway)		

독이 든 성배

창의력

★★★

노인은 그 잔에 독이 들어 있음을 익히 알고 있었다. 그럼에도 손을 떨면서 그 잔을 마셨다.

본인도 죽고 싶어하지 않았으며, 어떠한 위험에 봉착한 것도 아니었으며 또한 본인이나 본인이 소중히 여기는 사람들에게 어떤 위협이 있는 것도 아니었다. 그런데 왜 이 노인은 독이 든 잔을 입술에 가져간 것일까?

창의력을 한껏 동원해서 왜 이 노인이 이런 행동을 취했어야 했는지 그 이유를 세 가지 찾아내기 바란다.

이름을 찾아라

문제 해결 능력

★ ★ ★

머리만 써서 아래 11개의 동그라미를 작은 것에서 큰 순서로 재배
열해보기 바란다. 여러분도 잘 아는 셜록 홈즈 소설과 관계된 인물
이 나타날 것이다.

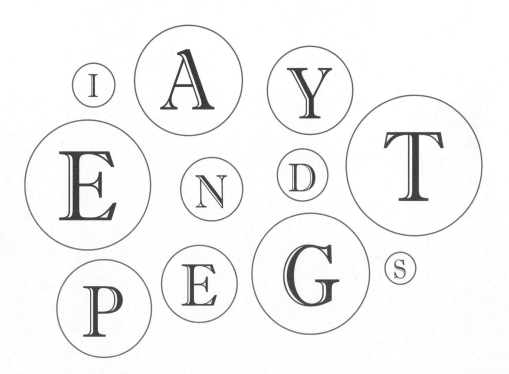

다리를 만들어라

문제 해결 능력

★ ★ ★

산업혁명 시대 동안 현대적 교량 건축이 본격적으로 시작되었다. 그리고 계속해서 빅토리아 시대에도 빠른 속도로 발전되었다. 아래 브리지 퍼즐을 통해서 빅토리아 시대의 교량을 회상해보자.

동그라미로 표시된 각각의 섬들을 다리로 연결해보자. 섬들 사이를 선으로 연결하는데, 동그라미 안의 숫자는 해당 섬에 연결되어야 하는 다리의 개수이다. 다리들은 서로 엇갈려 지나갈 수 없으며 가로나 세로 방향으로만 다리를 그릴 수 있다. 한 쌍의 섬들 간에는 최대 두 개의 다리만 연결될 수 있다.

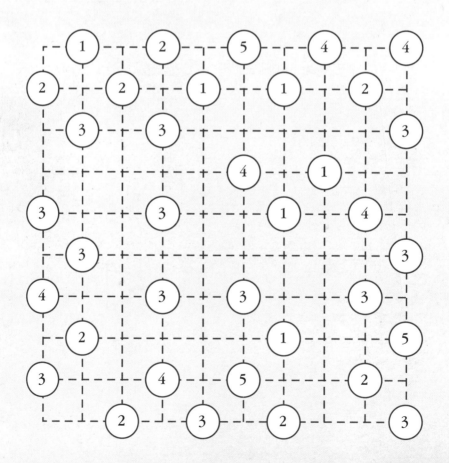

빅토리아 시대 발명품

문제 해결 능력

★ ★ ★

빅토리아 시대의 4대 발명품이 아래와 같이 전시되어 있다. 가스등, 사진, 증기선 그리고 우표다. 각각의 발명품에는 1 이상 10 이하의 숫자가 배정되어 있다. 셜록 홈즈처럼 신속하게 각각의 숫자를 찾아주기 바란다. 그림판 테두리 밖의 숫자는 행과 열의 합계를 나타낸다.

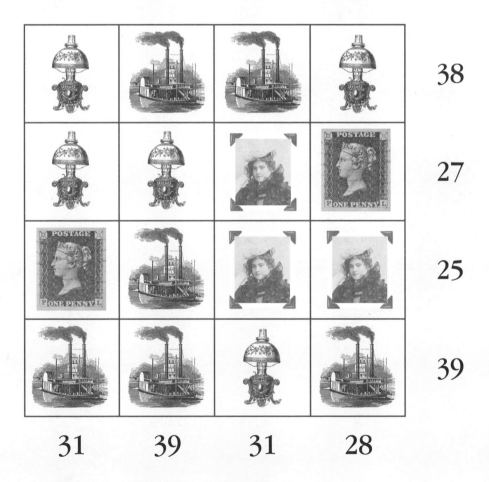

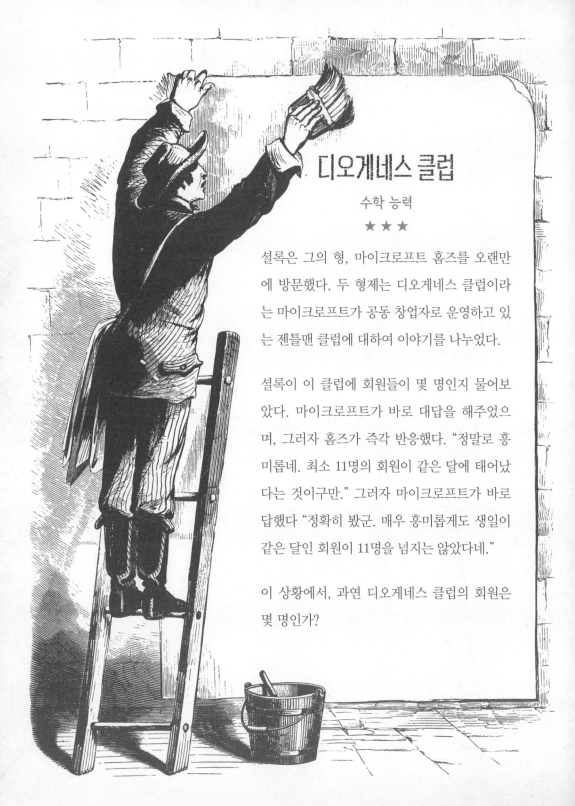

디오게네스 클럽

수학 능력

★★★

셜록은 그의 형, 마이크로프트 홈즈를 오랜만에 방문했다. 두 형제는 디오게네스 클럽이라는 마이크로프트가 공동 창업자로 운영하고 있는 젠틀맨 클럽에 대하여 이야기를 나누었다.

셜록이 이 클럽에 회원들이 몇 명인지 물어보았다. 마이크로프트가 바로 대답을 해주었으며, 그러자 홈즈가 즉각 반응했다. "정말로 흥미롭네. 최소 11명의 회원이 같은 달에 태어났다는 것이구만." 그러자 마이크로프트가 바로 답했다 "정확히 봤군. 매우 흥미롭게도 생일이 같은 달인 회원이 11명을 넘지는 않았다네."

이 상황에서, 과연 디오게네스 클럽의 회원은 몇 명인가?

네 개로 쪼개진

문제 해결 능력
★ ★ ★

셜록 홈즈와 관련된 어떤 물건이 아래처럼 네 조각으로 쪼개져 있다. 이 조각들을 다시 원래대로 복구하면, 과연 어떤 물건이 나올까?

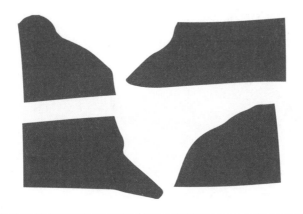

네 개의 양초

문제 해결 능력
★ ★ ★

빅토리아 시대에는 중세 이후로, 가장 많은 수의 성당이 건립되었다. 아주 독실한 성도가 교구 목사를 도와주고 있었다. 최근에 세워진 성당에서 사용할 양초를 가장 경제적으로 구매할 수 있는 방법을 찾는 것이었다.

네 개의 선택지가 있다.

a. 양초 24개들이 상자. 각 양초는 1.5시간 사용. 가격은 개당 1페니
b. 양초 36개들이 상자. 각 양초는 2시간 사용. 가격은 개당 2펜스
c. 양초 18개들이 상자. 각 양초는 2.5시간 사용. 가격은 개당 1.5펜스
d. 양초 42개들이 상자. 각 양초는 3시간 사용. 가격은 개당 2.5펜스

당연히 교구 목사는 양초가 가장 저렴하면서 가장 오래 지속하여 타기를 원하고 있다. 자, 이 상황에서 성도는 목사에게 어느 상자를 추천해야 할까?

블록 게임

문제 해결 능력

★ ★ ★

잠이 안 와 뒤척이던 왓슨 박사는 이왕 이렇게 된 김에 블록 게임에 도전하기로 했다.

게임은 간단하다. 맨 위 중앙에 있는 4개의 파랑색 블록을 한 덩어리로 아래로 이동시켜, 맨 아래 중앙 출구로 내보내는 것이다.

전체 격자 판에는 맨 위의 4개의 파랑색 불록을 포함해서 각각 색과 모양이 다른 총 6개의 블록이 있다.

블록은 가로나 세로 방향으로 한 칸씩 이동할 수 있으며, 서로 건너뛰지는 못한다. 각각의 개별 블록들을 움직여서 최종적으로 4개의 파란 블록이 모두 하단의 출구로 빠져나가도록 순차적 순서들을 찾아주기 바란다.

아마도 가위로 이 페이지 블록 그림을 잘라서 각각의 블록 종이를 직접 움직여 게임을 풀어보겠다는 충동이 들 수도 있다.

입구

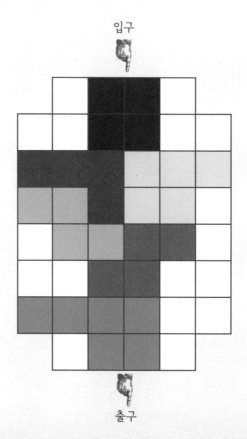

출구

도미노 게임

문제 해결 능력

★ ★ ★

"친애하는 왓슨 박사, 어떤 사건에서 증거물을 조사할 경우, 꼼꼼하게 살펴서 관계가 없는 내용들은 먼저 추려서 내버리게. 그리고 나서 사건에 적절하게 관련된 내용들로만 구성해보는 것이 필요하네. 그러면 마치 도미노가 연쇄적으로 넘어가듯 사건에 대한 설명이 앞뒤가 딱 맞아떨어지게 되지"라고 셜록이 말했다.

혼자서 하는 도미노 게임에 도전해보자. 0-0에서 6-6까지의 한 세트로 구성된 도미노들이 아래 왼쪽 판에 있다. 이 판 위에 각각의 도미노가 어느 위치에 놓여야 할까? 논리적으로 생각해보자. 아래 오른쪽에 문제 해결의 열쇠가 있다. 28개의 도미노를 하나하나 놓으며 풀어가기 바란다.

1	4	0	0	1	6	3	3
1	6	2	1	1	2	4	5
3	3	2	3	4	6	0	6
0	5	0	3	3	0	6	4
1	1	2	3	6	2	5	5
5	2	2	0	6	5	0	2
4	4	5	6	5	4	1	4

	0	1	2	3	4	5	6
6							
5							
4							
3							
2							
1							
0							

불법 주화

문제 해결 능력

★ ★ ★

불법 주화를 제조한 용의자들을 심문하는 데 어려움을 겪고 있던 경찰은 홈즈에게 도움을 요청했다. 이 용의자들은 모두 기이한 모양의 문신을 하고 있었다. 경찰은 그 모양을 셜록에게 설명하고 있었다. 이 기이한 문신 모양을 그림으로 설명해줄 수 있는가?

왼쪽 격자 판에 8개의 주화가 두 줄로 정렬되어 있다. 8개 중에 4개만 이동시킨다. 나머지 4개는 그 자리를 지킨다. 새롭게 정렬된 주화는 각각의 주화가 다른 두 개의 주화와 수직, 수평 또는 대각선 방향으로 서로 접하도록 한다.

합 구하기

수평적 사고력

★ ★ ★

빅토리아 시대 학생들은 슬레이트판 위에다 분필로 써가며 수학 문제를 풀고 있었다. 선생님은 산수의 합 구하기 문제를 내었다. 아래 숫자를 받아쓰게 했다.

삼만 삼천, 삼천 삼백 그리고 삼십 삼.

과연 정답은 무엇인가?

월터의 직업

수평적 사고력

★ ★ ★

"홈즈, 오늘 아침 신문에서 정말 흥미로운 기사를 보았네." 왓슨이 말했다.

"바로 어젯밤에 일어난 사건 얘기 좀 들어보게. 월터 존스는 그의 방에서 조용히 있었네. 그런데 갑자기 불이 나가면서, 어둠에 갇혀버렸네. 매우 캄캄한 밤이었고 달도 구름 뒤에 가린 상태였네. 월터는 외출 계획도 없었고, 방문객이 올 일도 없었네. 그러나 그는 정확히 인지하고 있었어. 갑자기 불이 나가는 것이 얼마나 위험한 일이었는지!"

"왓슨 박사, 나는 자네가 말한 만큼 이 사건이 그렇게 흥미롭다고만 생각되지 않네"라고 홈즈가 대꾸했다.

"셜록, 여기 흥미롭게 볼 요소가 충분히 있네. 심지어 이 기사는 독자들에게 월터의 직업이 무엇인지 알아맞혀 보라고까지 했어."

"답은 단순한 애들 놀이처럼 아주 간단하네"라고 홈즈는 말하며, 담배 연기를 길게 뿜어냈다.

과연 월터의 직업은 무엇인가?

홈즈에게 기사 작위를

수평적 사고력

★ ★ ★

셜록은 베이커 스트리트 특공대 대원들에게 두 명의 용의자를 감시하고 내용을 보고하도록 했다. 두 대원이 두 용의자를 미행했고, 마침내 두 용의자가 큰 정원이 있는 작은 집에 들어가는 것을 목격했다. 이 집은 일 층으로 문이 하나 있었고, 일 층에 창문은 없었으며, 지붕은 접근이 불가능했다. 대원 한 명이 감시를 위해 잠복했으며, 문 옆에 가능한 한 가까이 자리를 잡고 안에서 나누는 대화를 한 마디라도 엿듣고자 했다. 그런데 주변의 고양이들이 소란하게 싸움질하는 바람에 대화 내용을 도저히 알아들을 수 없었다.

한 시간 뒤, 홈즈와 왓슨이 그 집 현장에 왔다. 현장 잠복 중인 대원으로부터 거의 아무 일도 발생 안 했다고 보고를 받았다. 실제로도 내부에서 어떤 움직임도 포착되지 않았다. 두 용의자가 전혀 들키지 않고 빠져나간 것이 분명해 보였다. 셜록은 집 건물을 점검했으나, 탈출할 만한 루트를 찾을 수 없었다. 바닥은 전체가 단단했으며, 창문에서 지붕으로 올라가는 것도 불가능했으며, 혹시 창문에서 뛰어내렸다 하더라도 최소한 다리가 골절되는 부상을 입었을 것이 분명한 경우였다. 창문 밑을 보아도 지상의 흙 위에 신발 자국도 없었다.

"도대체 어떻게?"라고 왓슨이 말했다. "정말 괴상한 사건이네. 도저히 탈출이 불가능해 보이는 건물에서 사라졌으니. 셜록, 자네가 이 사건을 해결한다면 정말 자네는 기사 작위를 수여받을 자격이 있네!"

"왓슨 박사, 정반대일세. 이 사건은 매우 간단하네"라고 홈즈는 대꾸했다.
도대체 두 용의자는 어떻게 탈출한 것인가?

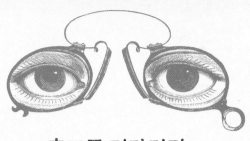

홈즈를 기다리며

문제 해결 능력

★★★

왓슨 박사는 베이커 스트리트 특공대를 만나러 외출한 홈즈가 돌아오기를 기다리고 있었다. 벽난로 앞에 앉아 방금 배달된 석간신문을 읽던 왓슨 박사는 자칫 미궁으로 빠질 만한 사건으로 보이는 기사를 발견했다. 이 까다로운 미로 문제를 풀어줄 수 있을까?

아래의 미로에서 가능한 한 짧은 시간에 길을 찾아내자. 좌측 상단 음영 처리된 칸에서 출발해서 우측 하단 음영 처리된 칸에서 종료한다. 각 칸들에 표기된 숫자는 그 칸에 도달했을 때, 그 칸에서 몇 개의 칸을 움직여서 다음 이동을 해야 하는지를 말해준다. 이동은 위로, 아래로 그리고 대각선 방향 모두 가능하다. 조건은 총 이동하는 횟수가 10회를 넘지 않는다.

3	1	2	3	2
4	2	4	4	2
3	2	3	4	3
2	3	4	3	3
4	2	3	3	4

화려한 셜록 홈즈

문제 해결 능력

★ ★ ★

아래에서 무엇인가 맞지 않는 한 개의 이미지를 찾아내기 바란다.

시간은 20초 내에.

HOLMES HOLMES HOLMES HOLMES
SHERLOCK HOLMES SHERLOCK HOLMES
SHERLOCK SHERLOCK HOLMES SHERLOCK
HOLMES SHERLOCK HOLMES HOLMES
SHERLOCK HOLMES SHERLOCK SHERLOCK
HOLMES SHERLOCK HOLMES HOLMES
SHERLOCK HOLMES SHERLOCK HOLMES
HOLMES SHERLOCK HOLMES HOLMES
HOLMES SHERLOCK HOLMES HOLMES
HOLMES SHERLOCK SHERLOCK SHERLOCK
SHERLOCK HOLMES SHERLOCK HOLMES
SHERLOCK SHERLOCK HOLMES SHERLOCK
HOLMES HOLMES HOLMES HOLMES

1851년 박람회

수학 능력

★ ★ ★

빅토리아 시대인, 1851년 개최된 박람회는 헨리 콜과 빅토리아 여왕의 부군인 앨버트 공 두 사람이 주관했다. 당시 최고의 기술을 동원하여 유리로 지은 수정궁에서 거대한 규모로 개최되었다.

전시장에 아주 정교하고 아름다운 5개의 다이아몬드가 가격 순으로 정렬되어 있었다. 가장 낮은 금액 2,000파운드부터 한 단계 올라갈수록 1.5배로 가격이 올라간다. 마지막 다섯 번째 다이아몬드의 가격은 얼마인가? 암산으로 계산해보자!

행복한 대가족

수평적 사고력

★ ★ ★

빅토리아 시대의 일반적인 가족의 성원 수는 현대보다 현저하게 많았다. 종종 다섯이나 여섯 명의 자녀를 두었다.

시드니 씨의 가족은 더 특별했다. 그는 일곱 명의 자매가 있었다. 각각의 자매는 한 명의 남자 형제가 있었다.

시드니 씨의 가족은 총 몇 명의 어린이가 있었는가?

화학자 - 홈즈

문제 해결 능력

★ ★ ★

평소처럼 왓슨 박사는 베이커 가로 돌아왔다. 그리고 셜록이 여러 병에 여러 종류의 몹시 자극적인 화학 물질들을 가지고 실험에 몰두하고 있는 것을 보았다. 아래 단서들을 가지고 X, Y, Z 세 종류의 화학 물질들이 각각 무슨 색인지, 그리고 무슨 냄새가 나는지 알아맞혀 주기 바란다.

하나는 오렌지색, 그리고 나머지 두 개는 핑크 및 노란색이며, 하나는 생선 냄새가, 또 하나는 양파 냄새, 나머지는 닭 냄새가 난다. 머리로만 생각해서 풀어서 바로 아래 표에 해답을 써주기 바란다.

핑크 물질은 양파 냄새가 난다. Y물질은 닭 냄새가 나지 않으며 노란색이 아니다. Z물질은 생선 냄새가 나지만 오렌지색은 아니다.

물질 종류	색상	냄새
X 물질		
Y 물질		
Z 물질		

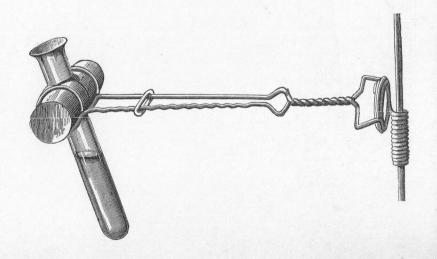

카드 채우기

문제 해결 능력

★ ★ ★

셜록은 한 카드 사기꾼이 같이 파트너로 동업하던 동료를 살해한 것으로 의심되는 사건을 조사하고 있었다. 은밀하게 조사를 하던 중에, 용의자가 주로 가던 한 클럽을 조사했으며, 그곳에서 아래와 같은 수수께끼를 우연히 발견했다.

간단한 카드 채우기로, 아래 6×6 격자 판의 각 열과 행에 클럽, 다이아몬드, 하트 그리고 스페이드 각 한 장씩을 놓는다. 그러면 각 열과 행에 빈칸이 두 개씩 남게 된다.

그리고 테두리 밖의 행/열의 시작/끝 부분에 있는 카드는 해당 행/열에서 처음/마지막으로 발견될 카드를 알려준다. 예를 들어, 첫 번째 열의 시작 부분에 있는 다이아몬드는 그 열에서 처음으로 마주하게 되는 카드가 다이아몬드임을 말한다. 그러므로 첫 번째 칸이 다이아몬드이거나 아니면 그 해당 열의 두 개의 빈 공간 중에 하나가 다이아몬드인 것이다.

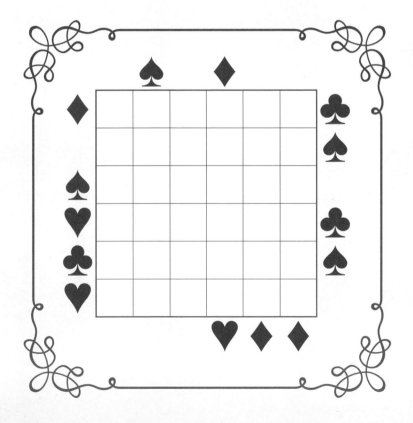

골드 러쉬

수평적 사고력

★ ★ ★

3명의 도전적인 금광 탐사자들이 멀리 타국의 깊은 산속까지 가서 모험을 펼쳤다. 그들은 6개의 금덩어리를 발견했다. 그런데 발굴하는 과정에서 사나운 짐승에게 쫓기게 되었다. 걸음아 날 살려라 도망쳐서 강가에 남겨두었던 보트까지 돌아와서, 가까스로 보트를 타고 위험에서 벗어날 수 있었다. 그런데 이 작은 보트는 최대 601파운드까지 수용 가능하며, 그 이상이 되면 가라앉기 시작한다. 남자 한 명이 각각 199파운드이고, 6개의 금덩어리는 각각 1파운드씩 무게가 나간다.

세 사람 모두가 6개의 금덩어리를 싣고서, 과연 어느 누구도 젖지 않으며, 또한 단 하나의 금덩어리도 물에 젖지 않으며 탈출할 수 있었을까?

홈즈의 시간

문제 해결 능력

★ ★ ★

아주 기이한 사건이 간밤에 발생했다. 홈즈는 사건 현장인 대저택을 방문하기 위해 일찍부터 일어나 서둘렀다. 그는 본인이 사는 베이커 가를 새벽 5:03에 출발해서, 29분을 걸어서 기차역에 도착하고, 그리고 8분을 기다린 후에 기차가 출발했다. 기차로 2시간 47분, 이어서 21분을 이륜마차로 이동하여 현장인 대저택에 도착했다. 현장에서 저택의 대지를 1시간 35분 걸으며 조사했고, 건물 내부로 들어가 경찰과 증인들 심문에 2시간 6분이 소요되었다. 과연 홈즈는 몇 시 몇 분에 오늘 일을 마무리했는가?

진행 과정을 필기하지 말고 오로지 머리로만 계산하기 바란다.

나무 심기

문제 해결 능력

★ ★ ★

왓슨 박사는 홈즈가 요청한 임무를 마치고 돌아와 그 내용을 보고했다. 어느 시골 저택의 영지에 어떤 사람들이 출입하는지 조사하는 임무였다. 왓슨의 보고에 따르면 영지 뒤꼍에는 매우 특이하게 나무가 배치되어 있는데, 바로 그곳이 수상한 활동의 온상이자 온갖 은밀한 회합이 이루어지는 장소였다. 가로 7칸, 세로 7칸의 구획 안에 나무 9그루가 심어져 있는데 가로, 세로, 대각선으로 3그루씩 연결했을 때 전부 8개의 선이 만들어지도록 배치되어 있다고 했다(구획 안에서 연결될 수 있는 모든 대각선 줄이 아래 그림에 나타나 있다).

"홈즈, 자네가 풀어볼 간단한 수수께끼가 있네." 왓슨이 말했다. "내가 아래 그림에 나무 9그루를 배치해두었네. 그중 6그루는 그대로 놔두고 3그루만 움직여서 앞서 말한 대로 8개의 선이 만들어지게 할 수 있겠는가?"

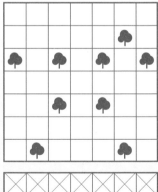

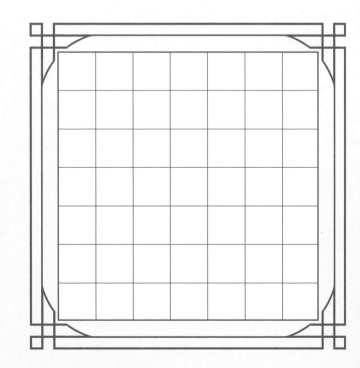

화살과 범인

문제 해결 능력

★ ★ ★

셜록은 매우 혐오스러운 사건과 관련된 끔찍한 살인자를 법의 심판대 앞에 세울 수 있도록 뒤에서 경찰을 적극 도왔다. 이 잔인한 범인은 총이 아닌 화살을 쏘아 사람을 살해한 것이었다. 아래 화살이 특별히 많이 보이는 퍼즐을 풀어주기 바란다. 1부터 9까지의 숫자를 단 한 번씩 사용해서 각 열과 각 행 그리고 3×3의 굵은 선으로 만들어진 사각형 박스를 채우기 바란다. 박스 안에 여러 개의 화살이 있다. 화살의 몸통은 여러 개의 칸에 걸쳐 지나간다. 각 화살의 시작점에는 숫자가 채워질 동그라미가 있다. 그 동그라미에는 화살이 지나간 모든 칸의 숫자들의 합이 들어간다.

1부터 9까지의 숫자는 각 열과 각 행 그리고 3×3의 굵은 선으로 만들어진 박스에 단 한 번만 들어간다. 즉, 같은 숫자가 두 번 이상 들어갈 수 없다. 반면에 화살이 이동하는 경로에 있는 칸에 들어가는 숫자는 같은 숫자가 두 번 이상 들어갈 수 있다.

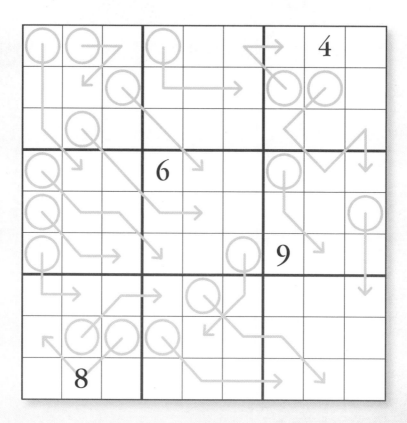

육각형 퍼즐

문제 해결 능력

★ ★ ★

셜록 홈즈가 최근에 누구를 골똘하게 생각하고 있었는지 퍼즐을 통해 알아맞혀 보자. 아래 육각형으로 구성된 판이 있다. 그 안의 비어 있는 칸(육각형)을 그 밑의 'B-----X'의 16개 알파벳으로 채워주기 바란다. 방법은 하나의 칸에서 인접한 칸으로 이동하며 알파벳을 하나씩 연결시킨다. 이때, 오른쪽에 있는 14개의 알파벳 단어들이 만들어질 수 있도록 한다. 예를 들어, 'N'이 들어 있는 칸에서 'M'이 들어 있는 인접한 칸으로 그리고 이어서 'X'가 있는 칸으로 이동하면 'NMX'가 만들어진다. 빈칸이 다 채워지면, 홈즈의 머리 속에 들어 있는 인물이 나온다. 음영 처리가 된 다섯 개의 육각형 안에 있는 알파벳을 조합해보자!

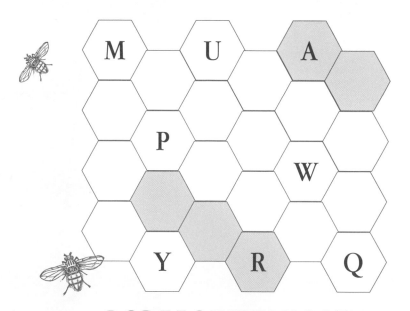

NMX
NUI
BSE
BGWK
PLTF
PFL
AHWJ
CWK
HWKQ
OSELP
JKWO
DHWJ
EYLT
RKWJ

B C D E F G H I J K L N O S T X

인물 퍼즐

문제 해결 능력

★ ★ ★

오른쪽의 20명의 리스트가 바로 셜록 홈즈에 시리즈에 등장하는 인물들이다. 이 모든 이름이 한 번씩 나오도록 아래 빈칸을 채워주기 바란다.

4 letters

Pike(파이크)

5 letters

Adler(애들러)

Lomax(로맥스)

Moran(모란)

Rance(랜스)

6 letters

Holmes(홈즈)

Hudson(허드슨)

Martha(마사)

Watson(왓슨)

Wilson(윌슨)

7 letters

Gregson(그렉슨)

McMurdo(맥머도)

Pollock(폴락)

Porlock(포록)

Simpson(심슨)

Wiggins(위긴스)

8 letters

Anderson(앤더슨)

Lestrade
(레스트레이드)

Leverton(레버턴)

Sherlock(셜록)

숨겨진 주화

수학 능력
★ ★ ★

홉킨스 경감은 홈즈의 수사 철학을 따르는 수제자 중 한 명이다. 최근에 주인이 새로이 바뀐 시내 사탕가게에서 수상한 움직임이 포착됐다. 홉킨스 경감은 몇 주에 걸쳐 감시를 하고 있었고, 이상하게도 손님이 대부분 학생들이 아니었기에, 이 사탕가게가 바로 범죄의 소굴이라는 확신을 갖게 됐다. 어느 늦은 밤 홉킨스 경감은 이 건물에 잠입해 들어갔다. 건물 뒤쪽의 창고에서 100여 개 정도의 밝은 색 병들을 발견하여 조사했다. 아니나 다를까, 그 속에 위장되어 숨겨져 있는 병들을 발견했고 그 속에는 사탕이 아닌 귀금속으로 만들어진 한 무더기의 주화가 들어 있었다. 세 가지 종류의 주화가 있었다. 하나는 밝은 흰색 그리고 다른 것은 은색, 마지막은 금색이었다.

저울로 무게를 측정해보니, 주화들이 매우 밀도가 높고 무겁다는 것을 알게 되었다. 두 개의 흰색 주화는 다섯 개의 은색 주화와 같은 무게를 가졌으며, 아홉 개의 금화와 같은 무게였다. 세 동전의 무게를 모두 정수 배의 온스(무게의 단위)로 계산해보면, 각각의 주화를 모두 하나씩 합해서 만들어질 수 있는 무게의 최소값은 얼마인가?

원래의 물건은?

문제 해결 능력
★ ★ ★

여기 네 개의 조각이 있다. 이 조각을 머리만 써서 재결합시켜 주기 바란다. 빅토리아 시대의 대표적 발명품인 이 물건은 무엇인가?

홈즈의 부탁

문제 해결 능력

★ ★ ★

홈즈가 범인을 추적하기 위해 베이커 가를 떠난 지 한 시간이 경과했다. 한 장의 메모가 책상 위에 남겨져 있었다.

"왓슨, 내가 만일 한 시간 내에 돌아오지 않으면, 아래의 사람에게 연락해서 도움을 요청해주게."

왓슨 박사는 신속히 누구에게 연락을 해야 하나?

a. 9세트의 세계 7대 불가사의

b. 80보다 큰 첫 번째 소수

c. 4개의 정이십면체의 총 면수에 5를 더한 수

d. 탄탈럼 –금속 원소

e. "6년 그리고 반년"의 총 개월 수

f. 18개의 동방박사 조각상에서 1이 적은 수

g. 7개의 황도 12궁 별자리보다 3이 적은 수

힌트 : a~g의 7개 질문에 대한 숫자 해는 그림에 있는 7개 시계에서 보여주는
시/분 바늘과 연관된다. 그리고 시/분의 시계 바늘은 그 형태로서
사람이 양팔을 벌린 모습으로 연관된다.

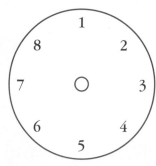

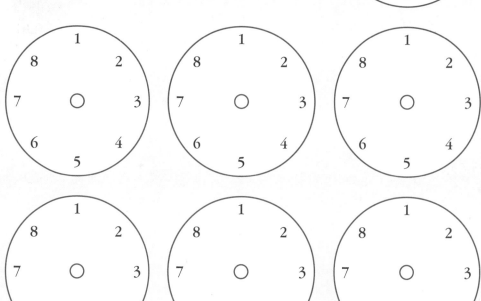

'HOLMES'를 찾아라

문제 해결 능력

★ ★ ★

아래 글자판에 'HOLMES'가 과연 몇 개나 있는가? 각 문자에서 대각선 방향은 피하고 가로 또는 세로로 인접한 문자로만 이동한다.

```
            H
        H  O  H
      H  O  L  O  H
   H  O  L  M  E  S  H
      L  M  E  S  O
         E  S  H
            O
```

다음 연도는?

문제 해결 능력

★ ★ ★

아래의 연도 목록을 봐주기 바란다.

1607	1682
1758	1835
1910	

이 중 하나인 1835년도만이 빅토리아 여왕의 생존기간(1819-1901)에 해당된다. 그러면 이 순서에서 1910년 다음에 나와야 할 연도는? 그리고 그 의미는?

골상학

창의력

★ ★ ★

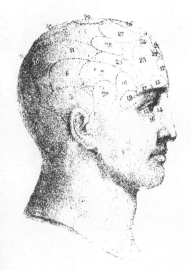

사람의 두개골 형상으로 성격과 심리적 특성 및 운명 등을 추정하는 골상학은 빅토리아 시대 초기에 인정받던 과학 이론이었으며 인기도 매우 많았다.

사람의 내면세계를 알아내는 방법 다섯 가지를 생각해내기 바란다. 그리고 그렇게 생각하는 근거는? 창의력을 최대한 발휘해보자.

네 사람의 서명

기억력

★ ★ ★

1887년 발표된 셜록 홈즈 시리즈 『네 사람의 서명』에서 인용한 아래 문구를 2분 안에 읽는다. 그리고 질문에 답하기 바란다. 당연히 문구를 단 한 번만 읽는다.

"최근에, 나의 영향력이 저 멀리 대륙까지 넓혀지고 있네." 홈즈는 장미나무 뿌리로 만든 담배 파이프에 담배 잎을 밀어 넣으며 말했다. "자네도 알 거야. 프랑수아 르빌라르라는, 현재 프랑스에서 사건 해결 관련 두각을 나타내고 있는 사람에게 2주 전에 조언을 해준 적이 있네. 그는 켈트족답게 빠른 직관력을 갖고 있네, 그러나 정확한 지식을 폭넓게 활용하는 능력이 조금 부족한 편이지. 그런데 이 부족한 부분이 보완이 되어야 그가 한 단계 더 도약할 수 있어.

사건은 유언장과 연관된 것으로 제법 흥미로웠네. 나는 그에게 참고가 될 두 개의 사건을 알려주었네. 하나는 1857년 라트비아 공화국의 리가라는 지역에서 발생한 것, 또 하나는 1871년 미국 세인트루이스 사건. 이 두 사건에서 그는 확실한 해답을 찾았을 거네. 여기 오늘 아침에 그에게서 받은 편지네. 나의 도움에 감사한다는 내용이네."

홈즈는 말을 마치며, 구겨진 편지를 나에게 주었다. 얼핏 보았지만, 한 프랑스 사람에게서 온 열렬한 존경의 마음을 느낄 수 있었다.

질문

1. 홈즈는 어떤 종류의 담배 파이프를 사용했나?

2. 지난주 홈즈는 누구에게 조언을 해주었나?

3. 홈즈가 설명해준 두 개의 사건은 언제 어디에서 일어났나?

4. 홈즈는 말을 마치며 무엇을 왓슨에게 전달했나?

'SHER'

문제 해결 능력

★★★

네 개의 알파벳 문자 S, H, E, R을 8개의 칸으로 된 각 행과 열에 두 번씩 나오도록 배치하기 바란다. 그리고 굵은 선으로 그려진 4칸으로 된 박스에는 단 한 번만 들어가도록 한다. 같은 알파벳문자가 인접하여 들어가지 못한다.

공개 자백

창의력

★★★

여러 명의 경찰관이 참석한 공개석상에서, 아놀드는 본인이 바로 범인임을 자백했다. 그런데 무슨 일인지 현장의 경찰들은 그를 체포하지 않았다. 왜일까? 대체 어떤 일이 있었던 것인지 그 이유를 다섯 가지 생각해내기 바란다. 예를 들어 아놀드가 자백을 했으나 외국말이었기에 경찰들이 알아들을 수가 없었다 등등.

'LOCK'

문제 해결 능력

★ ★ ★

네 개의 알파벳 문자 L, O, C, K를 8개의 칸으로 된 각 행과 열에 두 번씩 나오도록 배치하기 바란다. 그리고 굵은 선으로 그려진 4칸으로 된 박스에는 단 한 번만 들어가도록 한다. 같은 알파벳 문자가 인접하여 들어가지 못한다.

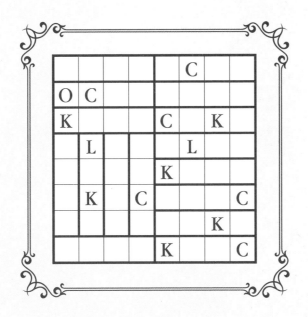

축제

수학 능력

★ ★ ★

빅토리아 시대의 축제에서 가장 인기 있는 프로그램은 두 종류의 행운의 게임이다. 첫 번째 게임은 1부터 30까지 번호가 있는 공에서 5개를 뽑아 그 번호를 알아맞히는 것이다. 참가자가 번호를 맞히면, 1파딩(1/4 페니에 해당하는 영국의 구 화폐 단위)을 내고 1기니(영국의 구 화폐 단위)를 받을 수 있다. 두 번째 게임은 1부터 20까지 번호가 있는 공에서 8개를 뽑아 그 번호를 알아맞히는 것이다. 축제의 참가자가 돈을 벌 수 있는 가능성을 최대로 키우려면 두 게임 중 어떤 게임에 도전하는 것이 유리한가?

네 개의 발명품

수평적 사고력

★ ★ ★

아래에 네 가지의 빅토리아 시대 발명품이 있다. 이 중 하나는 나머지 셋과 특별한 연관이 없다. 그 하나는?

전화기

우표

성냥

타자기

앨버트 공

문제 해결 능력

★ ★ ★

앨버트 공은 빅토리아 여왕의 부군이었으며 평생 동안 여왕에게 많은 격려와 조언을 제공했다. ALBERT의 여섯 글자가 다음 6×6 퍼즐의 각 열과 행, 그리고 퍼즐 조각마다 중복되지 않게 한 번씩만 들어가도록 퍼즐을 채울 수 있겠는가?

비밀번호를 찾아라

문제 해결 능력

★ ★ ★

홈즈가 저택 어딘가에 떨어진 담뱃재를 조사하고 오는 동안 왓슨 박사는 방 안의 금고를 살펴보고 있었다. 금고 옆에는 다음과 같은 표가 붙어 있었다.

1	0	3	7	●	●	
2	7	9	8	●	●	
4	7	0	6	●	●	●
2	7	6	0	●	●	●

금고 비밀번호는 4자리이며 0~9 사이의 숫자 네 개로 이루어진다. 중복되는 숫자는 나올 수 없다(예를 들어 2766은 비밀번호가 될 수 없다). 파란색 점의 수는 비밀번호에 포함되며 위치도 동일한 숫자가 해당 열에 몇 개나 있는지를 뜻한다. 갈색 점의 수는 비밀번호에 포함되지만 위치는 다른 숫자가 해당 열에 몇 개나 있는지를 뜻한다. 금고 비밀번호는 무엇일까?

불꽃놀이

문제 해결 능력

★ ★ ★

빅토리아 시대의 어느 불꽃놀이 축제에 은색 폭죽 세 종류를 사용하기로 했는데, 그 이름이 각각 건메탈로켓, 그레이스파클 그리고 실버블레이즈였다. 폭죽은 각각 10피트, 20피트, 40피트 높이까지 올라갔으며, 그리고 15초, 20초, 25초 동안 불꽃을 지속했다. 이제, 아래의 힌트를 참조해서, 테이블에 세 폭죽의 지속시간 및 도달 높이를 알아맞혀 주기 바란다.

건메탈로켓은 가장 짧은 시간 동안 지속하지 않았다. 반면에 실버블레이즈는 가장 높은 위치에 도달하지 않았다. 그레이스파클은 실버블레이즈보다 더 높이 올라갔으나 건메탈로켓만큼 지속되지 못했다. 가장 오래 지속한 폭죽이 가장 높이 올라갔으며, 높이를 반만큼만 올라간 폭죽보다 5초 이상 더 지속했다.

폭죽 이름	지속시간	도달 높이
건메탈로켓		
그레이스파클		
실버블레이즈		

운명의 숫자

문제 해결 능력

★ ★ ★

셜록 홈즈 작품 탄생에는 여러 가지 의미 있는 사건이 있다. 그중에 한 사건이 아래 숫자 열에 숨어 있다. 4자리의 숫자를 찾아라. 그리고 그 숫자의 의미는?

1	3	2	8	●	●	☐
5	8	7	4	●	●	☐
9	6	5	1	●	● ●	☐
8	1	9	0	●	● ●	☐

위에 주어진 정보를 이용하여 이 책과 깊은 연관이 있는 4자리 숫자를 찾아내보자. 중복되는 숫자는 나올 수 없다(예를 들어 3455는 불가능하다). 파란색 점의 수는 문제의 4자리 숫자에 포함되며 위치도 동일한 숫자가 해당 열에 몇 개나 있는지를 뜻한다. 갈색 점의 수는 4자리 숫자에 포함되지만 위치는 다른 숫자가 해당 열에 몇 개나 있는지를 뜻한다. 문제의 4자리 숫자는 무엇이며 그 숫자와 셜록 홈즈의 관계는 무엇일까?

인물과 숫자

수평적 사고력

★ ★ ★

☐ 셜록(Sherlock)=6.2, 왓슨(Watson)=4.2, 레스트레이드(Lestrade)=5.3, 그러면 모리어티(Moriarty)는?

거울 속의 얼굴

인식 능력

★★★

셜록은 용의자를 집요하게 뒤쫓고 있었다. 마침내 거울에 비친 용의자의 얼굴이 흐릿하지만 아래 왼쪽 이미지처럼 홈즈의 시야에 들어왔다. A, B, C, D의 네 개 이미지 중 과연 어느 것이 용의자인가?

영국 화폐

수학 능력

★★★

빅토리아 시대의 영국 화폐는 상대적으로 종류가 많았다. 학교에서도 산수 시간에 화폐를 많이 다루었다. 선생님이 파운드, 실링 및 페니를 사용하여 금액의 더하기나 빼기를 학습시키곤 했다.

페니는 'd'로, 실링은 's'로, 파운드는 '£'로 표시한다.
12펜스는 1실링, 20실링은 1파운드이다.
아래 테이블에 표시된 금액의 총 합계는?

£	s	d
5	8	3
6	4	8
2	15	5

빅토리아 시대 이름들 1

문제 해결 능력

★ ★ ★

빅토리아 시대에 유명했던 인물들의 이름을 아래의 표에서 찾아주기 바란다. 수직 방향, 수평 방향 그리고 대각선 방향으로 이름이 나와도 되며, 이름이 순방향으로, 또는 그 반대로 써질 수도 있다.

T	E	S	Q	S	E	S	X	N	H	J	D	A	E
H	D	O	O	N	P	U	A	W	I	E	S	F	N
B	T	X	I	E	I	V	E	A	S	W	W	P	O
A	Y	Q	E	X	X	T	A	L	Z	F	R	L	T
B	E	L	A	G	N	I	T	H	G	I	N	A	S
B	N	T	E	D	I	C	K	E	N	S	X	D	D
A	Q	U	E	E	N	V	I	C	T	O	R	I	A
G	I	R	T	N	A	K	E	T	T	X	S	A	L
E	L	Y	O	D	N	A	N	O	C	R	Y	L	G
Z	N	A	J	H	L	Y	A	D	A	R	A	F	R
C	Z	W	S	B	S	Z	S	E	J	X	T	Z	T
F	J	A	E	W	A	L	L	O	R	R	A	C	U
L	L	R	R	Y	T	I	Z	V	N	C	R	A	F
S	T	E	V	E	N	S	O	N	T	D	G	A	F

배비지(BABBAGE) 디즈레일리(DISRAELI) 프린스 앨버트(PRINCE ALBERT)

캐롤(CARROLL) 패러데이(PARADAY) 퀸 빅토리아(QUEEN VICTORIA)

코난 도일(CONAN DOYLE) 글래드스톤(GLADSTONE) 스티븐슨(STEVENSON)

다윈(DARWIN) 나이팅게일(NIGHTINGALE) 테니슨(TENNYSON)

디킨스(DICKENS) 필(PEEL)

빅토리아 시대 이름들 2

문제 해결 능력

★ ★ ★

빅토리아 시대에 유명했던 인물들의 이름을 아래의 그림에서 찾아주기 바란다. 이름들이 모두 'V' 자 모양으로 표에 들어가 있다. 'V' 자 모양이 필요시 회전되어 표시될 수 있다. 일례로, 'Miles'라는 이름을 찾아놓았다.

R	C	I	S	C	N	R	S	R	E	U	A	E	T	Q
S	C	C	L	A	Z	I	E	E	C	M	L	R	I	I
E	V	I	Y	A	L	P	D	L	D	Y	A	R	A	B
S	A	T	G	S	Q	A	D	F	E	G	I	L	Y	P
V	Y	T	F	F	I	A	A	I	L	L	C	A	J	C
H	I	X	E	E	Y	W	S	A	G	Y	A	R	O	Q
X	P	H	F	E	A	J	O	I	H	E	D	E	L	X
C	R	L	T	B	L	L	N	I	B	I	L	E	E	K
P	A	A	A	I	I	S	L	R	A	T	W	E	G	X
R	U	S	D	B	I	V	P	D	U	A	M	R	R	M
P	Y	E	I	E	G	N	E	I	A	I	R	I	W	A
J	T	P	P	L	O	V	E	L	I	O	G	T	L	R
N	T	A	D	E	A	Q	S	C	Y	R	X	E	S	I
P	I	L	D	O	Z	I	S	O	A	R	S	W	J	V
T	A	W	S	I	R	R	B	B	I	N	F	S	A	D

앨리스(ALICE)	데이지(DAISY)	에드윈(EDWIN)	힐다(HILDA)	올리브(OLIVE)
바질(BASIL)	도리스(DORIS)	엘시(ELSIE)	리디아(LYDIA)	퍼시(PERCY)
클라라(CLARA)	에드가(EDGAR)	이어트(EWART)	마일스(MILES)	랄프(RALPH)
키릴로스(CYRIL)	에디스(EDITH)	그레이스(GRACE)	나이젤(NIGEL)	실라스(SILAS)

세 명의 요리사

문제 해결 능력

★ ★ ★

세 명의 요리사가 연회를 위해 특별한 요리를 준비 중이다. 이 세 명의 요리사가 각자 준비하는 육류의 종류 및 각 요리사의 요리 경력 기간을 알아내기 바란다.

돼지고기, 소고기, 양고기 세 종류가 준비돼 있다. 테오도르는 돼지고기를 선택했다. 15년 경력의 요리사는 실라스가 아니다. 한 요리사는 5년 경력을 가지고 있다. 그런데, 그 사람이 피니어스는 아니다. 피니어스는 테오도르보다 더 많은 경력을 갖고 있다. 10년 경력의 요리사는 소고기를 선택하지 않았다. 소고기는 가장 경력이 짧은 요리사가 요리했다.

요리사 이름	육류	경력
테오도르		
실라스		
피니어스		

9명의 자식들

수학 능력

★ ★ ★

빅토리아 여왕은 9명의 자녀를 낳았다. 만약 첫 번째 자식이 한 명의 자식을 낳고, 두 번째 자식이 두 명의 자식을 낳고, 이렇게 계속하면, 빅토리아 여왕은 총 몇 명의 자식과 손주들이 있었는가? 암산하기 바란다.

붉은 원

기억력

★ ★ ★

1911년 발표된 셜록 홈즈 시리즈 『붉은 원』에서 인용한 아래 문구를 읽기 바란다. 그리고 질문에 답하기 바란다.

"어떻게 해야 뉴스나 메시지가 그에게 전달되게 할 수 있겠나? 당연히 신문지상에 광고를 통하지 않고는 안 되네. 다른 대안이 없지. 다행스럽게도 우리는 관심을 가질 수 있는 한 신문이 있네. 지난 2주 동안의 사건을 보도한 『데일리 가제트』이네. '프린스 스케이팅 클럽의 검은 모피를 두른 여성' – 바로 넘길 수 있지. '지미, 어머니가 걱정함. 집으로 올 것' – 나에게는 상관이 없어 보이네. '만약 브릭스톤 버스에서 기절한' – 그녀는 나의 관심 밖이네. '매일 나의 가슴은 기도를 함.' 푸념, 왓슨 이는 완전한 푸념일 뿐이야! 아! 이것은 약간의 가능성이 있네. 들어보게. '인내를 가질 것. 좀 더 확실한 소통의 방법을 찾을 수 있을 것임. 신문을 통해 알리겠음, G.' 워렌 부인의 하숙인이 도착한 후 이틀이 지난 뒤에 실린 메시지이네. 뭔가 있는 것 같지 않나? 이 신비스러운 인물이 영어를 쓸 줄은 몰라도 할 줄은 아는 모양이야. 다시 추적을 할 수 있을지 봅세. 여기 있군 – 3일 후에. '준비는 성공적. 인내하고 신중하게 행동할 것. 구름이 곧 갤 것임. G.' 그 후 일주일 동안 조용했지."

1. 위에서 언급된 신문의 이름은?

2. 어머니를 걱정시키는 사람은?

3. 어디에서 여자가 기절했는가?

4. 빈칸을 완성하라. "그것은 _____이 도착한 후 이틀이 지난 뒤."

달콤한 사탕

수학 능력

★ ★ ★

레스트레이드 경감은 미궁으로 빠져들고 있는 까다롭고 으스스한 살인 사건에 대해 홈즈에게 잔뜩 말을 늘어놓고 있었다. 이야기를 하면서 레스트레이드 경감은 홈즈 사무실로 오는 길에 구매한 사탕 한 봉지를 먹고 있었다.

대화 도중 봉지의 1/3의 해당하는 양을 먹어치웠고 이어서 남은 양의 반을 더 먹었다. 그러고서 보니 12개가 봉지에 남아 있었다. 레스트레이드 경감은 총 몇 개의 사탕을 구매했나?

식기 세척기

수학 능력

★ ★ ★

항상 하숙집을 지저분하게 쓰는 편인 홈즈는 집주인인 허드슨 부인에게 감사의 표시로 최신 기계를 선물했다. 허드슨 부인은 홈즈가 선물한 접시 닦는 기계에 너무 흡족해 했다. 기계 덕분에 좀 더 편해지고 자기만의 시간을 갖게 되었다. 현명한 허드슨 부인은 좀 더 경제적으로 기계를 사용하는 방법을 생각해보았다.

부인은 편평한 접시를 24개까지 세척할 수 있음을 알았다. 두 개의 수프를 담는 수프 접시와 세 개의 편평한 접시가 동일한 용적을 차지한다면, 이 기계는 최대 몇 개의 수프 접시를 세척할 수 있나?

식재료

인식 능력

★ ★ ★

아래 그림은 빅토리아 시대 가장 인기가 있었던 9종류의 식재료들이다. 왼쪽의 그림을 30초 동안 응시한다. 그리고 바로 옆 그림을 본다. 4쌍의 아이템이 서로 위치가 바뀌어 있다. 그 4쌍의 아이템은?

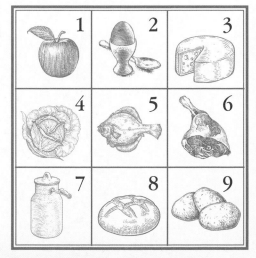

동물 농장

수평적 사고력

★ ★ ★

코크니 씨 가족은 런던에 있는 매우 유명한 농장을 방문하겠다는 마음에 흥분되고 어떤 동물들을 볼 수 있을지 잔뜩 기대감을 갖고 있었다. 이 농장은 일반적인 가축과는 달리 좀 더 다양한 동물들이 있는 것으로 알려졌기 때문이다.

가장 먼저 눈에 띈 것은 농장 주인이 호기심에 수집해놓은 위협적인 대형 뱀들이 모여 있는 울타리였다. 다음으로는 일반적인 동물이 있는 곳으로 가서 말들을 보았다. 이어서 좀 더 걸어서 시끄러운 염소 무리를 보았다. 좀 떨어진 장소를 배회하다가 농장에서는 쉽게 볼 수 없는 동물인 원숭이가 모여 있는 것을 보고 놀랍기도 하고 재미있기도 했다. 그러고는 다시 농장 쪽으로 돌아와서 몇몇 수탉을 보았으며, 농장 뒷마당에서 햇빛 속에 어슬렁거리는 두 마리의 개들도 보았다.

자, 그러면 그 다음으로 보게 될 동물은 무엇일까?

다섯 개로 쪼개진

문제 해결 능력

★ ★ ★

여기 다섯 개로 쪼개진 조각이 있다. 이 조각을 머리로만 생각해서 재결합해주기 바란다. 빅토리아 시대의 대표적 발명품이 드러날 것이다.

가스등

문제 해결 능력

★ ★ ★

빅토리아 시대에 한 괴짜 같은 귀족이 있었다. 그는 소유한 대저택의 한쪽 부속건물에 그 당시 최신의 기술인 가스등을 설치하기로 했다. 그 부속 건물은 100개의 방이 10×10의 사각형 구조로 되어 있었다. 편하게 기술자에게 설치를 맡기는 대신, 이 괴짜 귀족은 본인이 직접 가스등 설치지시도를 그렸다. 아래 그림에서 이 괴짜 귀족이 가스등을 설치하고자 하는 방들을 찾아내서 동그라미로 표시하기 바란다.

파란색 방에 표시된 숫자는 가로와 세로로 인접한 방들(대각선은 포함되지 않는다)에 설치된 가스등 개수를 의미한다. 숫자가 표시된 파란색 방과 인접하지 않은 하얀색 방에도 가스등이 설치될 수 있다. 또한 하얀색 방은 모두 가스등으로 밝혀지게 된다. 가스등이 설치된 방뿐만 아니라 같은 행이나 열에 있는 모든 방에 불빛이 비치기 때문이다(파란색 방에 가로막힐 때까지). 하나의 가스등 불빛이 다른 가스등 불빛과 서로 마주치지는 않는다.

그림 찾기

기억력

★ ★ ★

아래의 격자 판을 30초 동안 주시하기 바란다. A1부터 C4까지 총 12개의 칸에 물건이 하나씩 있다. 물건의 종류와 위치 그리고 색을 기억하기 바란다. 그리고 다른 종이로 덮어 가리고서, A B C D 네 개의 그림이 12개 칸 어디에 있었는지 기억해보기 바란다.

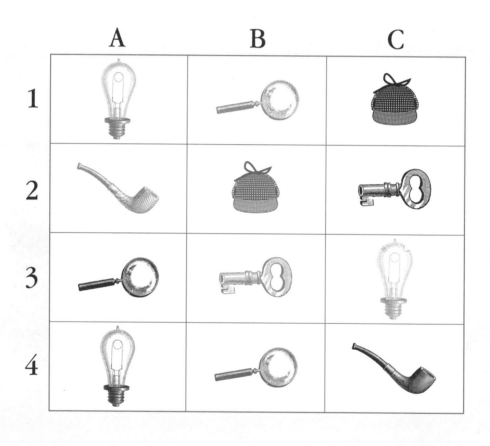

배스커빌 가의 개

인식 능력

★ ★ ★

아래 그림 A부터 E까지 연한 갈색 이미지를 주의 깊게 응시하자. 1888년 발표된 셜록 홈즈 시리즈 『배스커빌 가의 개』에 등장하는 짙은 갈색 개와 확실하게 일치하는 이미지는?

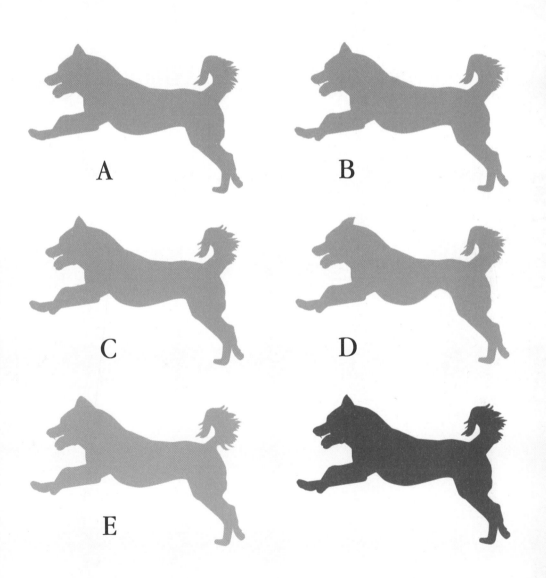

다섯 명의 용의자

문제 해결 능력

★ ★ ★

여섯 명의 신사들이 저녁 식사 초대를 받아 시골의 저택을 방문했다. 그런데, 그중 다섯 명만 살아서 돌아왔다. 경찰로부터 조사를 의뢰받은 셜록은 다섯 명의 생존자들의 기본 신상을 먼저 조사하기로 했다. 아래 단서를 가지고 다섯 명의 성, 신장 그리고 직업을 알아내기 바란다.

1. 길버트는 다섯 명 중 가장 키가 작으며 성이 린치가 아니다. 백스터는 안경사로서 5피트 7인치의 장신 의사와 친한 친구다.

2. 에드먼드 모리스는 변호사가 아니고 키도 5피트 6인치가 아니다.

3. 토지관리인 미스터 린치는 키가 가장 큰 사람인 미스터 브루어 옆에 앉아서 식사했다.

4. 변호사는 미스터 라이트라 불리지 않았다. 헨리는 의사이다.

	미스터 브루어(Brewer)	미스터 굿윈(Godwin)	미스터 린치(Lynch)	미스터 모리스(Morris)	미스터 라이트(Wright)	보험 수리사(Actuary)	토지관리인(Bailiff)	의사(Doctor)	변호사(Lawyer)	안경사(Optician)	5피트 4인치	5피트 5인치	5피트 6인치	5피트 7인치	5피트 8인치
백스터(Baxter)															
클라렌스(Clarence)															
에드먼드(Edmund)															
길버트(Gilbert)															
헨리(Henry)															
5피트 4인치															
5피트 5인치															
5피트 6인치															
5피트 7인치															
5피트 8인치															
보험 수리사(Actuary)															
토지관리인(Bailiff)															
의사(Doctor)															
변호사(Lawyer)															
안경사(Optician)															

이름	성	직업	신장

세 명의 용의자

문제 해결 능력

★ ★ ★

이 퍼즐에 도전하기 전에 앞의 '다섯 명의 용의자'를 먼저 풀기 바란다.

셜록은 현장에서 어떻게 살인이 발생했는지 조사하고 있었다. 그는 다른 방에 연결된 종을 울리기 위한 당김줄이 서재에 끊어진 채 떨어져 있는 것을 발견했다. 좀 더 조사해보니 당김줄이 매우 높은 곳에서 잘린 것이 확인되었다. 이는 살인자가 이렇게 높은 위치에서 줄을 자르기 위해서, 옆에 놓인 매우 높아 보이는 서랍장의 위까지 기어올라 갈 수 있었을 만큼 민첩한 사람이라는 것을 나타냈다. 가구들을 정기적으로 청소하지 않는다고 생각하고, 홈즈는 범인이 했듯이 서랍장 위로 기어올랐다. 그리고 먼지 더미 위에서 발자국을 발견했다.

이어서 용의자 다섯 명의 발 사이즈를 확인했다. 발자국 사이즈를 보았을 때, 키가 작은 두 사람은 발의 크기에서 이 발자국에 맞지 않는 것으로 판명되었다. 고로 살인자는 키가 큰 세 명 중에 있을 것으로 범위가 좁혀졌다. 그러나 이 세 명은 경찰 신문에서 스스로 완강히 부인했고 또한 누가 범인인지조차 자백하기를 거부했다.

그런데 셜록은 경찰서 안의 직사각형 테이블에 앉아서 대화하는 세 사람을 운 좋게 엿들을 수 있었다. 두 사람은 테이블의 긴 면에 앉아 있었고, 나머지 한 사람은 마주 보고 앉아 있었다. 세 사람이 모두 사실을 서로 말하고 있다면, 셜록은 세 명 중 누구를 체포하라고 경찰에게 말했을까?

클라렌스가 말했다. "나는 절대 아니네. 다만 우리 중 한 명이 살인을 저지른 사람의 반대편에 앉아 있네."

백스터가 말했다. "우리 모두 친구네. 우리 모두 단합해야 하네. 그리고 살인을 저지르고 당황해서 도주했었을 범인을 우리가 보호해주어야 하네."

"동감이야." 헨리가 응수했다. "우리 중 아무도 형장의 이슬로 생을 마감할 수 없어. 우리 서로를 보호하는 뜻에서 같이 악수를 하세."

클라렌스는 백스터와 테이블을 넘어 악수를 했다. 그리고는 일어나서 테이블을 넘어서 헨리와 악수했다. 대화는 잠시 더 계속되고, 백스터와 헨리도 일어서고, 세 명은 모두 걸어나갔다.

공포의 계곡

문제 해결 능력

★ ★ ★

1888년 발표된 셜록 홈즈 시리즈 『공포의 계곡』에 스코틀랜드 야드의 매우 유능한 알렉 맥도날드 경감이 사건을 해결하기 위해 등장한다.

여러분도 총명한 알렉 맥도날드 경감이 되어보기 바란다. 아래 격자 판의 왼쪽 상단의 음영 칠한 칸 'A'에서 시작해서, 'ALEC' 이름을 계속 찾아가며 이동하여 왼쪽 하단 'C'에서 끝난다. 이동 순서는 A→L→E→C로 하며, 그리고 계속 연결해서 거꾸로 A로까지 그리고 동일하게 계속해서 ALEC을 총 9번 연속해서 추적한다. 한 번에 한 칸씩 수평으로, 수직으로 또는 대각선 방향으로 이동할 수 있다.

A	L	L	C	E	A
C	E	A	E	C	L
A	L	C	C	A	E
C	E	C	A	E	L
E	A	A	E	L	L
C	L	L	E	C	A

위대한 발명품

인식 능력

★ ★ ★

여기 다섯 개의 조각이 있다. 이 조
각을 머리로만 생각해서 재결합시
켜 주기 바란다. 빅토리아 시대의
이 위대한 발명품은?

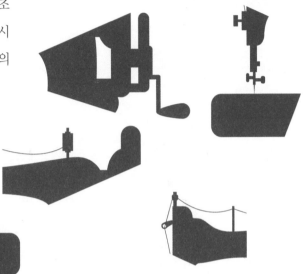

케이크 한 조각

수평적 사고력

★ ★ ★

브래드스트리트 경감과 그렉슨 경감은 아주 고생했던
살인 사건 해결을 자축하기 위해 그림과 같이 케이크를
하나 샀다. 사건을 해결하느라 함께 고생한 6명의 경찰
과도 케이크를 나누고자 한다. 총 8개의 조각으로 케이
크를 잘라야 한다.

어떻게 나이프로 나누어야 동일한 크기의 8개로 나눌
수 있는가? 조건은 나이프를 세 번만 쓸 수 있다.

금고 번호

수학 능력

★ ★ ★

빅토리아 시대의 매우 저명한 신사 한 분이 그의 저택에 강도가 침입하는 사고를 당했다. 다행스럽게도 강도는 금고의 번호를 알아내지 못했고, 그래서 금고는 강도의 손길에서 벗어나 안전했다.

아래 연결되어 있는 숫자들을 보기 바란다. 마지막 두 칸의 물음표에 맞는 숫자를 찾아주기 바란다. 그리고 그 두 숫자를 곱하시면 바로 금고의 번호가 드러난다. 금고 번호는?

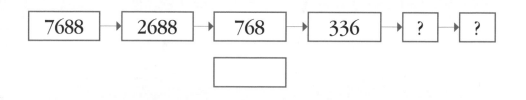

$$7688 \rightarrow 2688 \rightarrow 768 \rightarrow 336 \rightarrow ? \rightarrow ?$$

거짓말쟁이

문제 해결 능력

★ ★ ★

레스트레이드 경감은 런던에서 연이어 발생한 좀도둑질 관련해서 세 명의 부유한 용의자들을 연행해왔다. 그런데 세 명 모두 결백을 주장하며 심문에 대한 답변을 거부했다. 그는 세 사람 각자에게 동일한 질문을 했다.

세 사람 중에 누가 진실을 말하고 누가 거짓을 말하는 걸까?

아델라 답변   애거다 답변   앨리스 답변

"애거다가 거짓말쟁이."   "앨리스가 거짓말쟁이."   "둘 다 거짓말쟁이."

추측 게임

수평적 사고력
★★★

"말해주게나, 왓슨 박사." 홈즈가 말했다. "자네가 나의 조수로서 일을 같이 해온 이후로 어떤 사건에 대하여 일련의 패턴을 읽어내는 능력이 생겼다고 생각하지 않나?"

"그렇다고 생각하네"라고 왓슨이 응대했다.

"맞네, 추측해보게. 지난 화요일 나는 장갑을 생각했어. 그리고 수요일에는 동방박사를 깊이 생각했고, 목요일에는 나는 한 해의 계절에 대한 생각에 빠졌네. 그러면 이번 금요일에 내가 무엇을 생각할 것 같나?"

기대 수명

수평적 사고력
★★★

1851년경 빅토리아 시대의 남성의 평균 수명은 약 40살이었다. 이러한 통계적 수치를 몰랐더라도, 퍼시 씨는 나이를 먹고 있다는 사실에, 그것도 빨리 노화한다는 생각이 들자 갑자기 우울해졌다. 이틀 전 그의 나이 39살, 그리고 내년이면 42살이 된다. 그렇다면 오늘은 무슨 날인가?

모리어티 교수

창의력

★ ★ ★

1891년 발표된 셜록 홈즈 시리즈 『마지막 사건』에 홈즈의 최대 적수이며 실질적인 사건의 배후인물인 제임스 모리어티 교수가 처음 등장했다. 여러분은 모리어티 교수에 대해 어떤 상상을 하고 있는가? 아래 빈 액자에 모리어티 교수를 마음이 가는 대로 그려보지 않겠는가?

기억력 게임

기억력

★ ★ ★

아래 그림을 30초 동안 응시하기 바란다. 그리고 밑의 질문에 답하자. 조건은 아래 그림판을 다른 종이로 덮어 가리는 것이다. 즉 절대 다시 보지 않고서 답하도록 하자.

1. 모자, 재봉틀 그리고 개 중에서 가장 적게 나타나는 물체는?
2. 갈색, 진한 파랑색 그리고 밝은 파랑색 중 가장 많이 나타나는 색은?
3. 정확히 8번 나오는 물체는?

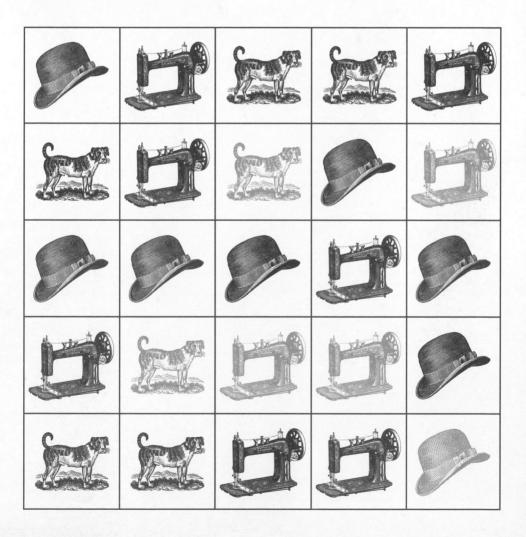

용의자 심문

문제 해결 능력

★ ★ ★

셜록과 왓슨 박사는 특별한 범죄 사건을 해결하기 위해 촉각을 다투고 있다. 6명의 용의자를 가능한 한 빨리 심문해야만 했다. 용의자들은 옆 페이지 도면에 B-G로 표기되어 있듯이 각각 다른 지역에 살고 있다. 셜록과 왓슨 박사는 항상 그렇듯이 베이커 가, 즉 A 위치에서 출발한다. 이륜마차를 타고서 B에서 G까지 각 장소를 한 번씩 돌아서 와야 한다.

이번 방문 일정을 가능한 한 효율적으로 마치도록 가장 짧은 시간에 6개 장소를 돌아보는 루트를 찾아보자. 작은 원 안의 숫자는 연결된 두 장소 간의 거리를 나타낸다.

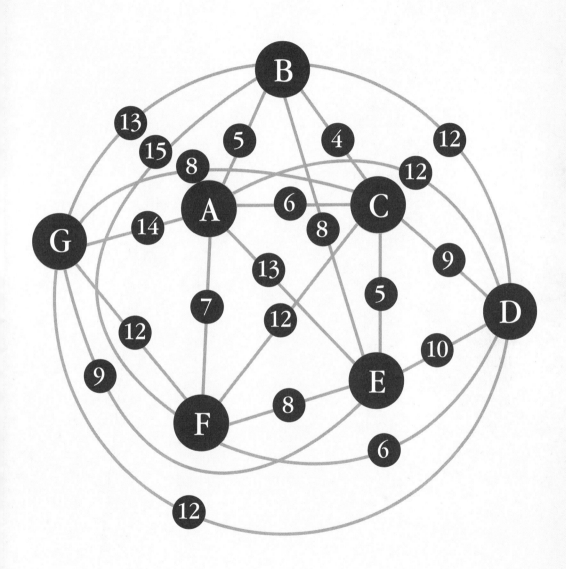

난해한 기호

문제 해결 능력

★ ★ ★

왓슨 박사는 마침내 용의자를 찾아내었다. 그리고 단단히 잠겨 있는 금고를 발견했다. 네 자리의 암호가 필요했다.

지금 퍼즐을 풀어서 네 개의 암호를 찾아주기 바란다. 아래의 여러 기호 세트가 옆 페이지의 격자 판에 한 번씩, 모두 들어가도록 위치를 찾는다. 기호가 다 채워지고 나서 음영 처리된 네 개의 칸을 좌에서 우로 그리고 위에서 아래로 이동하며 읽어보자. 그것이 바로 암호다.

6 글자	7 글자	8 글자
##*@£££	#??£@@#	#*****£@
#*?@£$	$#**#$£	#*?*@*£$
$#@£@#	$#@$#@£	#*?@££$$
$£?*@#	$#@£*@£	?*@*£*##
£$*?@£	$$£*@*#	?*@£@#$$
	?@£*#	?@*@##*£
	?#**#@£	
	?#*@£@#	
	@*?*?#£	
	@£*£#*#	

베이커 가에서 빅토리아 역까지

수학 능력

★ ★ ★

사건의 단서를 잡아내기 위해서 셜록은 본인이 위치한 베이커 가 221B에서 빅토리아 역까지 가장 빨리 가기 위해 마차를 타려고 했다. 즉 셜록은 포크스톤까지 가장 빠른 시간 내에 이동해야만 한다. 베이커 가 앞에 시속 10마일로 이동하는 늙은 말이 끄는 마차가 있다. 그리고 베이커 가로부터 1/4마일 떨어진 거리의 모퉁이에 늙은 말보다 20% 더 빠르게 이동하는 젊은 말이 끄는 마차가 있다. 홈즈가 젊은 말 있는 데까지 걸어가려면 4분이 소요된다.

만약 베이커 가에서 빅토리아 역까지 거리가 총 2.5마일이라면, 늙은 말을 타야 할 것인가? 아니면 4분을 걸어서 젊은 말을 타야 할 것인가? 빨리 결정해주자!

빅토리아 역에서 포크스톤까지

기억력

★ ★ ★

빅토리아 역에 도착한 홈즈는 다음 목적지로 가장 빨리 갈 수 있는 열차로 세 개의 열차 중에서 선택하려 한다. 세인트 피터(번호 5378), 세인트 제임스(번호 2839) 및 세인트 폴(번호 4713).

이 세 번호를 30초에 기억하고, 숫자를 되돌아보지 않고 문제를 답하기 바란다. 가장 빠른 열차는 아래의 조건을 만족한다.

a. 첫 번째 숫자와 마지막 숫자의 합계는 소수이다.

b. 두 번째와 세 번째 숫자의 배수는 7의 배수이다.

c. 첫 번째와 세 번째 자릿수의 합은 두 번째와 네 번째 자릿수의 합의 반이다.

이를 감안할 때 어떤 열차가 가장 빠른 것인가? 따라서 홈즈가 타야 하는 열차는 어느 것인가?

루프 퍼즐

문제 해결 능력

★ ★ ★

아래 'S' 형태('Sherlock'의 S)의 루프 퍼즐을 완성할 수 있는가? 격자 판에서 'S' 형태를 따라 하나의 연결선으로 모든 칸을 다 지나는 루트를 만든다. 루프의 특성상 하나의 닫힌 연결선이며 서로 가로지르지 않는다.

매직 박스

문제 해결 능력

★ ★ ★

행과 열 및 두 개의 주 대각선의 숫자의 합이 102가 되도록 빈칸을 채워주기 바란다. 18부터 33까지의 임의의 숫자를 각 한 번씩만 사용할 수 있다.

완성이 되면, 음영 처리가 된 칸에 특정 연도가 드러난다. 이 연도는 홈즈에게 어떤 의미가 있을까?

			22
18		26	
31		21	20
		23	

마부와 승객

수평적 사고력

★ ★ ★

셜록과 왓슨 박사는 지붕이 앞뒤로 나뉘어 접히게 되어 있는 사륜마차인 란다우 마차를 타고 빅토리아 역으로 빠르게 이동하고 있었다. 셜록은 마부에게 오늘 런던 거리를 운행하며 수상한 사건이 있었는지 물어보았다. 큰 목소리로 질문을 계속했는데, 셜록은 마부가 자신의 소리를 들을 수 있다고 확신했지만, 마부는 홈즈의 질문을 대놓고 무시해버렸다. 실제로도 마부는 이동하는 시간 내내 고개조차 한 번 돌아보지 않았다. 심지어 홈즈와 왓슨이 마차에 올라탈 때도 거들떠보지도 않았다.

마부는 목적지인 빅토리아 역에 도착하자, 요금을 말하고는 돈을 받자마자 말 한 마디 없이 떠나버렸다. "제기랄, 정말 무례한 친구군." 셜록이 속상한 마음에 투덜거렸다. "셜록, 그 사람이 귀머거리라 자네 질문을 못 알아들었을지도 모르네"라고 왓슨이 설명하듯 말했다. "그것은 말이 안 되네. 왓슨, 마부가 내 말을 정확히 들었다고 확신할 수 있네." 과연 마부는 셜록의 말대로 귀머거리가 아니었을까?

각도와 관점

지각 능력

★ ★ ★

"범죄 현장에 도착하면, 항상 다양한 각도와 관점에서 조사할 필요가 있네. 한 위치에서는 매우 명백하게 보이는 것이 다른 위치에서는 숨겨져서 안 보일 수 있지. 전체적인 각도에서 현장을 볼 수 있게 되면, 그 범죄의 가해자와 피해자 모두의 관점에서 볼 수 있게 되네"라고 홈즈가 설명했다.

같은 의미에서, 아래 여러 형태가 모여 있는 그림을 마음으로 좌로 90도 회전시켜보자. 그리고 그 이미지를 A, B, C, D 중에서 찾아내 보자.

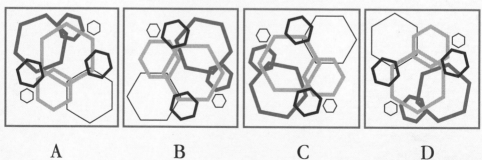

보라색

창의력
★ ★ ★

빅토리아 시대의 한 부유한 신사가 하루는 아침 식사를 위해 1층으로 내려왔다. 그러고는 가족들에게 "오늘 내 사무실 실내를 포함해서 전체를 보라색으로 칠해버릴 거야"라고 말했다. 매우 이해하기 힘든 발언이었다. 이 신사는 보라색을 특별히 혐오하던 사람이었기 때문이다.

이 신사가 왜 이런 생뚱맞은 행동을 결정했는지 다섯 가지 이유를 말해보자.

백열등

문제 해결 능력
★ ★ ★

빅토리아 시대의 가장 획기적인 발명 중 하나가 바로 백열등이다.
오른쪽의 그림을 자세히 보기 바란다. 아래 1번부터 7번의 꺼져 있는 전구에 마음으로 불을 켜주기 바란다. 어느 것이 같은 것인가?

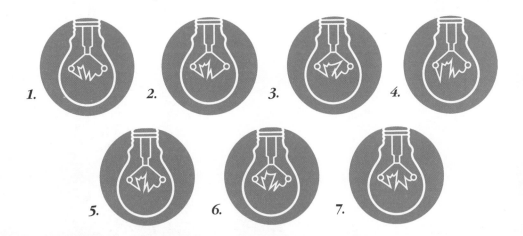

멀리 멀리 저 멀리!

문제 해결 능력

★ ★ ★

아래의 왼쪽 및 오른쪽 두 그림에서 차이점 6개를 찾아주기 바란다.

스케이트 링크

수학 능력

★ ★ ★

파리 경찰청의 듀북 씨는 진정한 아이스 스케이터였으며 종종 파리 시내의 스케이트 링크에 가서 즐기곤 했다. 그런데 옆의 사람들과 충돌을 해서 넘어지는 것이 다반사였다. 그는 실제로 얼마나 자주 사람들끼리 충돌하는지 궁금해졌고, 그 횟수를 세어보았다.

50명의 사람이 스케이트를 타고 있을 때, 10건의 충돌이 발생했다. 75명이면 15건으로, 90명이면 18건으로 늘어났다. 그러면 토요일같이 사람들이 많이 붐비는 경우 160명의 사람이 와서 즐긴다면 몇 건의 충돌이 발생할 것인가?

원형 퍼즐

문제 해결 능력

★ ★ ★

셜록은 도저히 단서가 안 잡히는 사건을 앞에 두고 글자 그대로 쳇바퀴 돌면서 제자리에서 한 발짝을 못 나가고 있었다.

아래 8개의 동심원과 8개의 바퀴살로 이루어진 바퀴 모양의 판이 있다. 'SHERLOCK'의 8개 알 파벳을 순서에 상관없이 각각의 부채 모양의 영역에 8개 글자가 단 한 번씩 들어가도록 넣어주 기 바란다.

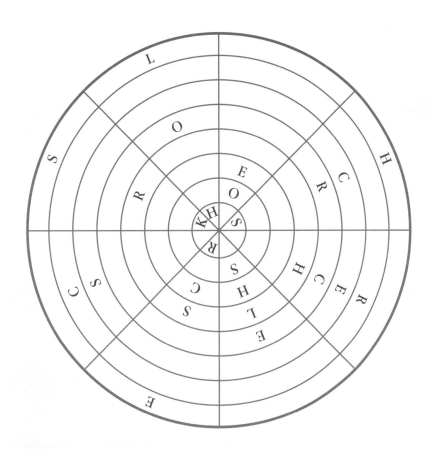

전망 좋은 방

문제 해결 능력

★ ★ ★

스코틀랜드 야드의 그레고리 경감은 몇 달 동안 위조지폐 조직을 쫓고 있었다. 이 조직의 우두머리들은 자신들의 근거지로 런던의 전망이 좋은 곳에 방이 여러 개 있는 대저택을 소유하고 있었다. 경찰은 아래 그림에 보이듯이 이 저택에 대한 몇몇 정보를 알아내었다.

그레고리 경감은 100개의 방으로 구성된 이 저택이 다시 여러 개의 방들로 구성된 여러 개의 그룹으로 분리되어 있다고 추측하고 그 정확한 그룹을 알아내기 위해 고심 중이다. 그레고리 경감의 고심을 풀어주기 바란다.

		3	4		2		4		
	10								
3						12			
				18					
3			2			4			
									4
		7	2						
									6
4			2				10		

굵은 선으로 방들의 경계를 만들어라. 새로운 경계선으로 나누어진 방들의 그룹은 형태가 정사각형이거나 직사각형이 된다. 그림에 표기된 숫자는 그 숫자가 표기된 방을 포함하여 그 숫자만큼의 방들이 하나의 그룹으로 만들어짐을 의미한다.

좁은 통로

문제 해결 능력

★★★

셜록이 바짝 뒤쫓아오고 있음을 본능적으로 느낀 모리어티 교수는 네 명의 동료들과 함께 야음을 이용해서 범죄 현장에서 가능한 한 빨리 벗어나고자 했다. 그러나 그의 동료 중의 몇 명은 예전만큼 체력이 안 되어서 행동이 따라오지 못했다. 그들은 황소들이 모여 있는 울타리 옆의 매우 좁은 진흙 통로까지 왔다. 그러고는 황소 뿔에 공격을 당할까 무서워 통로 앞에서 머뭇거리고 있었다. 통로는 너무 좁아 한 번에 두 명 이상 통과할 수 없는 상황이었다. 게다가 너무 어두운 밤이라 횃불이 없이는 도저히 갈 수가 없었다. 문제는 횃불이 단 하나밖에 없다는 것이다.

체격조건이 다른 다섯 명의 범인들이 좁은 진흙 통로를 각각 2분, 4분, 7분, 10분, 12분에 통과할 수 있다고 본다면, 이 긴박한 상황에서 이 다섯 명이 가장 짧은 시간 안에 좁은 통로를 다 건널 수 있는 방법은 무엇일까? 좁은 통로는 한 번에 두 사람밖에 건널 수 없으며, 횃불이 반드시 있어야 가능한 만큼, 두 사람이 일단 통과하고 나면 다음 팀을 위하여 한 사람은 반드시 되돌아가야 한다.

280개의 점

문제 해결 능력

★ ★ ★

아래 여러 개의 점들 속에는 빅토리아 시대의 대표적인 발명품이 숨어 있다. 그 발명품을 찾아라. 파란색 점은 파란색 펜으로, 갈색 점은 갈색 펜으로, 1번부터 2번 이어서 3번 순차적으로 마지막 280번까지 점을 연결한다. 중간에 점이 끊어져서 선이 정지되면 주변의 끊어진 점을 찾아서 연결시킨다.

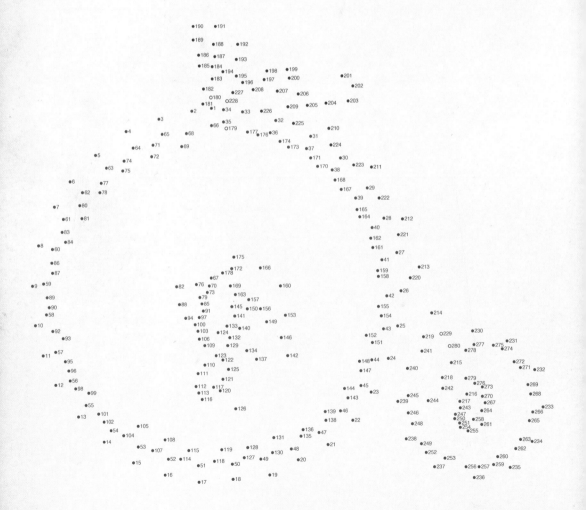

제자리 맴돌기

문제 해결 능력

★ ★ ★

홈즈는 신출귀몰한 용의자가 남겼을 냄새 흔적을 잡아내기 위해서 엘시(ELSIE)라는 이름의 경찰견을 특별히 요청하였다. 그런데 엘시는 냄새를 감지했으나 그 자리에서 맴돌고 있었다. 실망스럽게도 글자 그대로 제 꼬리만 쫓고 있었다.

아래 글자판에서 'ELSIE'가 몇 개 들어 있는지 찾아주기 바란다. 인접해 있는 알파벳을 한 글자씩 가로로 또는 세로로 이동하며 찾아본다. 주목할 점은 이 똑똑한 경찰견이 제 꼬리만 쫓아 맴돌고 있다는 것이다. 즉 'E'는 'ELSIE'의 시작이 되는 단어이지만 동시에 끝이 되는 단어이다. 이러한 원리로 글자판 첫 번째 열 앞 5칸에 들어 있는 'ELSIE'는 우리가 찾는 'ELSIE'가 될 수가 없는 것이다. 이유는 'E'가 시작과 끝 모두에서 각각 나오기 때문이다.

E	L	S	I	E	L
I	S	I	E	E	L
S	S	I	E	L	E
S	L	E	I	S	S
I	E	S	L	S	I
S	L	I	E	L	E
E	L	S	I	S	S
I	S	L	E	L	S

자동화 기계

수학 능력

★ ★ ★

이 놀라운 기계는 어떤 형상이라도 다양한 사이즈로 복제할 수 있다. 왓슨은 재미있는 선물 겸 흥미 삼아, 홈즈가 사냥할 때 애용하는 모자인 디어스토커 모자를 복제해보기로 했다. 그는 모자를 가지고 가서 공장직원에게 2.5배 단위로 그 크기를 달리해서 만들어줄 것을 주문했다.

만일 모자가 8인치(높이)×10인치(폭)×12인치(깊이)라면, 이것의 부피를 세제곱 피트로 표시하면? 1피트=12인치.

알리바이

문제 해결 능력

★ ★ ★

그렉슨 경감은 며칠 전에 강도질을 한 혐의로 잡혀온 좀도둑을 면담했다. 그런데 도둑은 아무리 조사해보아도 확실한 알리바이가 있었다. 그의 친구도 그가 범죄 현장에 있지 않았다는 정황을 확실히 입증시켜주었다.

"경감님, 절대 내가 범인이 될 수 없지요. 나는 하느님 앞에 맹세코, 집에 있었어요. 나의 친구가 생일날 선물해준 이 흥미진진한 게임을 하고 있었어요. 한번 해보겠습니까? 총 62 개의 칸을 커버하기 위해서 이 보드위에 총 31개의 도미노를 놓습니다."

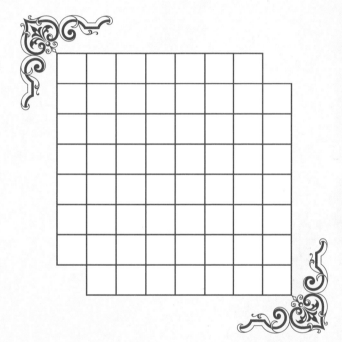

"어쨌든, 이 게임이 처음 보여졌던 느낌보다 실제로는 더 까다로웠다는 것을 분명히 기억

합니다. 그래서 사건이 있었다는 그날 나는 이 게임을 끝내겠다는 일념에만 정신없이 몰두해 있었어요. 그리고 이놈을 풀었던 그 순간 스스로 축배를 들기까지 했답니다."

"맞습니다, 정확하게 그가 말한 그대로입니다"라고 친구가 거들었다.

"왜냐고요? 나는 그가 게임을 성공적으로 풀어내고 그 기쁨에 주먹을 휘두르며 환호했던 것을 정확히 목격했습니다."

이 좀도둑의 알리바이는 정말 사실일까? 아니면 총명한 그렉슨 경감이 뭔가 수상한 냄새를 맡았을까?

허드슨 부인

문제 해결 능력

★ ★ ★

셜록은 시급한 회의에 참석키 위해 베이커 가를 잠시 동안 떠나 있어야 했다. 돌아오자마자, 잠시 비운 사이 누구라도 방문해온 사람이 있는지 궁금했던 홈즈는 허드슨 부인을 찾았다. 그러나 그녀는 행방이 묘연했다.

아래 표에 허드슨 부인이 있다. 옆의 예처럼 '3×2'로 허드슨 부인(HUDSON)을 신속하게 찾아주기 바란다.

H	U	D
S	O	N

D	D	U	U	U	N	U	O	U	D	D	S	O	H
N	O	D	H	H	H	U	D	D	O	O	U	U	D
S	H	N	N	S	U	O	U	S	N	D	H	N	D
S	H	U	O	S	U	N	U	U	N	U	H	U	O
U	D	O	O	S	D	S	O	S	H	N	S	U	N
O	H	O	S	H	U	S	D	H	N	N	O	H	S
U	O	O	U	N	H	U	U	O	D	H	D	O	N
N	O	U	O	D	O	S	U	D	H	O	H	D	O
H	N	U	N	O	S	H	S	D	N	H	D	O	D
S	H	S	U	O	O	D	O	O	S	U	O	D	H
D	U	H	U	O	O	U	H	U	D	N	U	N	N
N	U	D	D	D	N	O	S	O	N	S	U	N	N
N	U	O	U	U	U	D	D	H	S	D	S	O	S
D	N	H	S	H	S	O	H	D	N	D	S	U	H
N	H	S	O	S	U	D	N	U	O	S	S	U	D

★ 154 ★

라이헨바하 폭포

수학 능력

★ ★ ★

마침내 외나무다리에서 만난 셜록 홈즈와 모리어티 교수는 라이헨바하 폭포에서 사생결단의 혈투를 벌이고 있었다. 폭포의 가장자리에 걸린 채 서로를 앞뒤로 밀며 격렬하게 몸싸움하는 와중에, 미끄러운 돌에 걸려 홈즈가 폭포 쪽으로 추락하고 말았다. 홈즈가 눈앞에서 사라지고 7초 뒤에 모리어티 교수는 풍덩 소리를 들었다. 마침내 소리쳤다. "이것이 바로 저주받은 홈즈의 최후이다!"

중력가속도를 1초당 32피트로 가정한다면, 홈즈는 폭포 가장자리에서 물에 도달할 때까지 얼마의 거리를 추락한 것인가?

전화 교환수

문제 해결 능력

★ ★ ★

셜록 홈즈는 그의 형 마이크로프트가 일하는 정부기관 사무실로 전화를 걸어야 했다. 그는 번호를 기억할 수가 없었다. 그러나 번호가 4개, 0을 제외한 숫자이며, 중복된 숫자가 없는 것은 알고 있었다. 전화를 연결해주는 전화 교환수에 의해 모든 정부기관 번호는 앞 두 자리가 75로 시작됨도 알았다. 그러니 나머지 두 개의 번호만 알아내면 되는 것이다.

홈즈는 계속 골똘히 생각했으며, 마침내 전화번호를 더하면 본인의 생일이 된다고 한 형의 말을 기억해냈다. 마이크로프트는 1836년 2월 마지막날에 태어났다. 과연 마이크로프트의 전화번호는 무엇인가?

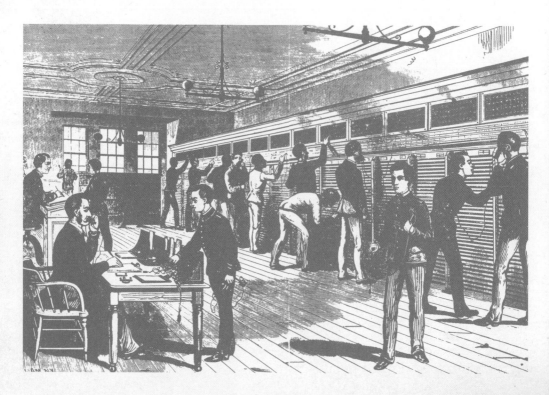

빅토리아 시대 사진

기억력

★ ★ ★

오른쪽 빅토리아 시대의 이미지를 30초간 응시하기 바란다. 그리고 사진을 손으로 가리고 아래 질문에 답하기 바란다.

질문

1. 부엌에는 몇 명의 하녀가 일하고 있는가?

2. 이 저택은 몇 개의 방이 비어 있는가?

3. 이 저택에서 무엇인가 이상하게 보이는 것은?

4. 지하 저장고에 있는 네 개의 물건은?

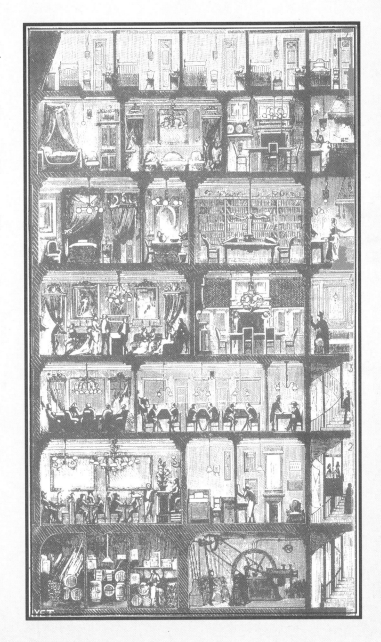

세 개의 열기구

지각 능력

★ ★ ★

셜록, 왓슨 박사 그리고 레스트레이드 경감은 열기구 축제장에 와 있다. 세 개의 각기 다른 열기구들이 경합을 벌이고 있었다. 각자 응원하는 열기구가 있었다. 홈즈는 밝은 파랑색, 왓슨 박사는 갈색, 레스트레이드 경감은 짙은 파랑색이다.

아래 번호가 있는 선을 따라 세 사람이 각각 응원하는 열기구는?

등나무 집

기억력

★ ★ ★

1890년 발표된 셜록 홈즈 시리즈 『등나무 집』의 아래 부분을 읽어주기 바란다. 다시 문구를 보지 말고 질문에 답하기 바란다.

> "이것은 아무 무늬도 없는 크림색 종이에 쓰였습니다. 크기는 4분의 1절지. 종이를 보니 날이 짧은 가위를 써서 잘랐습니다. 그리고 세 번 접은 뒤 봉투에 넣고 보라색 왁스를 바르고, 평평한 타원형 물건으로 위에서부터 눌러서 봉인했습니다. 받는 사람 주소는 등나무 집의 가르시아 씨 앞으로 되어 있습니다. 이렇게 쓰여 있군요. '우리의 고유한 색상은 녹색과 흰색. 열려 있으면 녹색, 닫혀 있으면 흰색. 중앙계단, 첫 번째 복도, 오른쪽으로 일곱 번째, 녹색 천, 안녕! D.' 여성의 필체이며, 가는 펜으로 쓰였습니다. 그러나 주소만큼은 다른 펜으로 쓰였거나 다른 사람이 쓴 것입니다, 보시는 대로 굵은 글씨체입니다."
>
> "정말 훌륭한 해석입니다." 홈즈가 환호했다. "베인스 경위, 정말 찬사를 드립니다. 이렇게 세밀하게 분석하신 노고에 정말 찬사를 드립니다. 몇 가지 사소한 점을 추가한다면, 타원형 물건은 의심할 여지 없이 평평한 커프스단추일 것입니다. 다른 것으로는 그 문양을 낼 수가 없지요."

질문

1. 어떤 타입의 가위가 사용되었을까?

2. 편지를 밀봉하기 위해 어떤 색의 왁스가 사용되었나?

3. 메모는 누구에게 전달되었는가?

4. 빈칸을 채워보자. "중앙계단, 첫 번째 복도, 오른쪽으로 _____, 녹색 천"

5. 셜록은 누구를 칭찬했는가?

부인의 나이

수학 능력
★ ★ ★

스코틀랜드 야드의 한 경감이 동료 경찰들에게 수사 중인 범죄 사건에 대한 정보를 알려주고 있었다. 괴팍한 성격의 한 부인으로부터 그녀의 집에서 귀중한 보석을 도난당했다고 신고를 받았다. 경찰은 사건 내용을 조사하기 위해 질문을 했으며, 이 괴팍한 부인은 매우 엉뚱하게 행동을 했다. 나이를 질문 받은 부인은 아래와 같이 대답했다.

"현재 내 나이에다 아래 숫자를 더해보세요.
먼저 내 나이의 반을 더하고, 그리고 이어서 내 나이의 1/3을 더하세요. 그리고 마지막으로 '3×3'을 더하세요.
그러면 위의 합이 '120에 10을 더한 것'이 됩니다."

이동 속도

수학 능력
★ ★ ★

홈즈에게 가능한 한 빨리 메시지를 전달해야만 했으나, 마침 주머니에 돈이 떨어졌던 홈즈의 한 지인은 할 수 없이 홈즈가 있는 베이커 가까지 뛰어가기로 했다. 그는 시속 6마일의 속도로 뛰어 메시지를 전달했다 그리고 같은 길로 시속 4마일의 속도로 걸어서 돌아왔다. 그가 이동하는 동안 평균 속도는?

당구

문제 해결 능력

★ ★ ★

왓슨 박사는 새로 구매한 큐대를 시험해보고 싶어 흥분된 마음으로 당구장에 왔다. 빅토리아 시대에는 당구 큐대가 얇아지고 있었다. 어려운 묘기를 즐기는 편인 왓슨은 아래와 같이 공을 배열했다.

하얀 공을 가격하고 테이블을 이동하여 파란 공을 쳐서 포켓에 넣어주기 바란다. 이동 루트를 아래에 직접 그려보자.

순서대로

수학 능력

★ ★ ★

허드슨 부인은 홈즈가 있는 베이커 가 221B를 충실하게 청소하며 관리했다. 그녀는 무언가를 치울 때는 항상 신경을 곤두세웠다. 왜냐하면 종종 하찮게 보이는 종잇조각들이 셜록에게는 매우 중요한 단서가 되었던 경우가 있었기 때문이다. 오늘도 그녀는 아래와 같이 떨어져 있는 종잇조각들을 발견했다. 이번에는 호기심이 발동해서 순서대로 맨 끝에 무엇이 나와야 할지 맞혀 보기로 했다. 그러나 아니나 다를까, 바로 실패를 인정했다. 과연 답은 무엇인가?

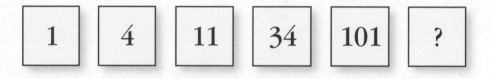

다음 이미지?

수평적 사고력

★ ★ ★

왓슨 박사는 탐정에게 있어서 중요한 테크닉 중 하나인 수평적 사고력을 키우고자 노력을 했다. 그는 아래 그림을 앞에 놓고 골똘히 생각 중이다.

아래 나열된 그림에서 다음으로 나올 이미지는?

삼각형 퍼즐

문제 해결 능력

★ ★ ★

갈수록 복잡해지는 사건들을 대처하기 위해서, 베인스 경위는 시각적 인식능력과 창의적 사고력을 키울 필요가 있음을 피부로 느끼고 있었다. 베인스 경위는 오늘따라 아래의 삼각 모양 퍼즐에서 헤어나오지 못하고 있다. 아래 세 개의 삼각형 모양에 이어서 나올 모양은 A, B, C, D, E 중의 어느 것이어야 할까?

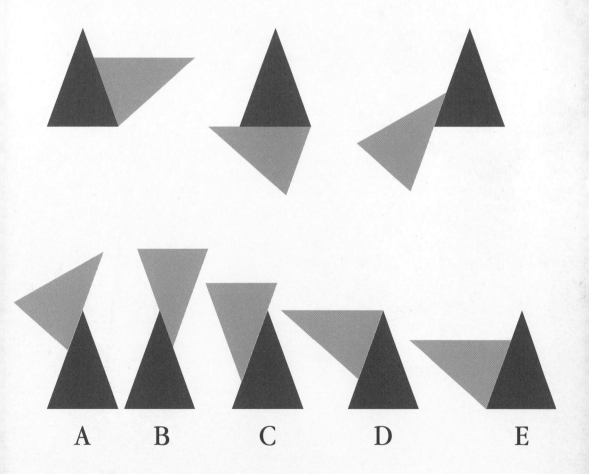

빅토리아 시대 열차들

인식 능력

★ ★ ★

아래는 빅토리아 시대의 열차들이다. 이상해 보이는 열차가 하나 있다.
신속하게 잡아내기 바란다.

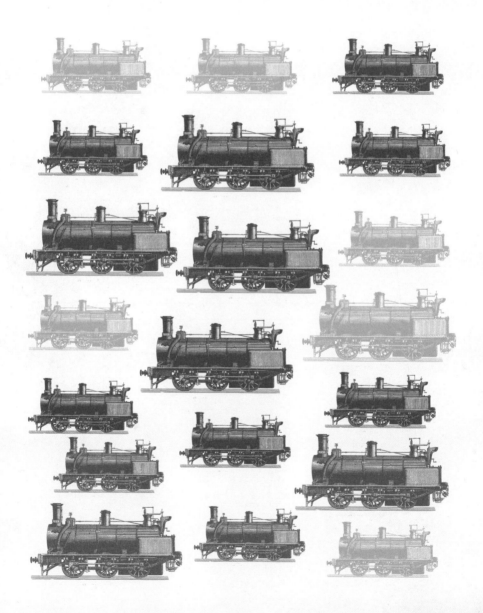

시장에서

문제 해결 능력

★ ★ ★

세 명의 노점상이 하루하루 장사로 먹고살았다. 이 세 명은 의류, 보석류 및 채소를 판매했다. 오늘 이 세 명은 하루 종일 열심히 일해서 2개, 5개 및 14개를 팔았다.

아래 단서를 가지고서, 이 세 명의 노점상이 판매하는 아이템이 무엇인지 그리고 그 아이템을 오늘 몇 개씩 판매했는지 알아내기 바란다. 머리로 계산하고 바로 아래 표에 적어보자.

윌프레드가 가장 많이 팔았다. 그러나 그는 보석을 판 것이 아니다. 오웬은 채소를 판매하지 않았다. 그리고 허버트는 옷을 팔았는데 가장 적게 팔지 않았다.

이름	품목	판매 수량
허버트		
오웬		
윌프레드		

양초, 압정, 성냥

수평적 사고력

★ ★ ★

레스트레이드 경감과 그의 동료들은 복잡한 사건을 논의하고 있었으나, 아직 해결의 실마리를 찾지 못하고 있었다.

여기 양초, 압정 상자, 성냥갑이 있다. 이 물건들을 가지고서 만들고자 하는 것은 나무로 된 문에 양초를 부착시켜서 그 불빛으로 방안에서 사람들이 책을 읽을 수 있도록 해주는 것이다. 어떻게 하면 가장 효율적으로 이렇게 만들 수 있을지 아이디어를 내기 바란다.

숨겨진 이름들

문제 해결 능력

★ ★ ★

아래 그림에 셜록 홈즈에 등장하는 다양한 캐릭터의 인물들이 숨겨져 있다.

8개의 알파벳으로 만들어진 이름이 작은 정사각형의 테두리를 따라서 시계 방향 또는 시계 반대 방향으로 들어가 있다. 예로서 'LESTRADE'가 표시되어 있다. 우리의 주인공들을 찾아보자.

앤더슨 ANDERSON	레버튼 LEVERTON	피터슨 PETERSON
코번트리 COVENTRY	메리베일 MERIVALE	셜록 SHERLOCK
레스트레이드 LESTRADE	모리어티 MORIARTY	

다리 찾기 미로

문제 해결 능력

★ ★ ★

빅토리아 시대에는 매우 중요한 교량들이 다수 건설되었다. 아래의 '다리 찾기 미로'에 도전해 보기 바란다. 우측 상단의 입구로 들어가서 좌측 하단의 출구로 빠져나온다. 미로 찾기의 일반 적인 규칙이 적용되지만, 차이점은 다리가 많이 있으며, 다리 위로 통과할 수도 있고, 아래로 통과할 수도 있다. 다리는 엷은 갈색으로 그려져 있다.

미로 찾기

문제 해결 능력

★ ★ ★

셜록은 본인의 사조직인 베이커 스트리트 특공대 멤버들에게 사건 용의자를 미행하도록 임무를 주었다. 셜록은 이 멤버들에게 용의자들이 남들과 구별되는 특별한 물건의 모양을 몸에 문신하고 있음을 알려주었다. 아래 미로 게임을 풀어주기 바란다. 그 물건이 드러날 것이다.

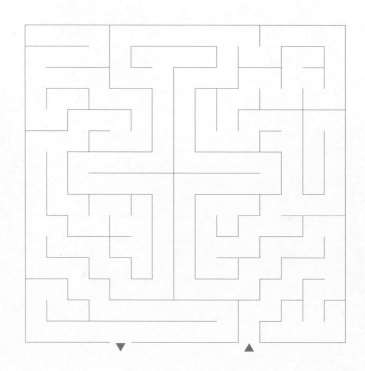

사라진 현찰

수학 능력
★ ★ ★

브래드스트리트 경감은 대저택의 강도사건을 조사 중이다. 금고가 강제로 열리고 현찰이 모두 사라진 사건이었다. 그는 전체 피해 금액을 알아낼 필요가 있었다. 조사를 해보니 4명의 가족 성원이 현찰을 금고에 같이 보관했다.

찰스는 50파운드를, 벤자민은 찰스보다 20% 많은 금액을, 조지는 찰스와 벤자민 둘의 합한 금액의 50%를, 프랭크는 벤자민과 조지의 금액을 합한 것의 20%를 보관했다.

금고에는 얼마의 현찰이 있었는가?

클리프행어

창의력
★ ★ ★

셜록 홈즈가 마침내 사건의 살인자를 추정하여 밝혀내었다. 곧이어 이 범인을 체포하기 위해 경찰의 추적 팀이 투입되었다. 범인은 필사적으로 도주했으며 절벽의 가장자리 끝까지 내몰렸, 범인은 버티다가 마침내 100피트의 절벽에서 추락하고 말았다. 그런데 범인은 구사일생으로 생존하여 돌아왔다. 이러한 극한조건에서 어떻게 범인이 생존할 수 있었는지 그 이유를 다섯 가지 생각해내기 바란다. 상상력을 총동원하기를!!

원형 미로

문제 해결 능력

★ ★ ★

셜록이 이 원형 미로에서 길을 찾을 수 있도록 도울 수 있을까?

빅토리아 철도

인식 능력

★ ★ ★

빅토리아 시대는 교통혁명이 일어났던 시대이다. 특히 철도는 그 대표적인 교통수단으로 사람과 물건 이동의 가장 중요한 수단이었다.

아래에 많은 열차가 쌓여 있다. 가장 맨 밑에 놓여 있는 열차는?

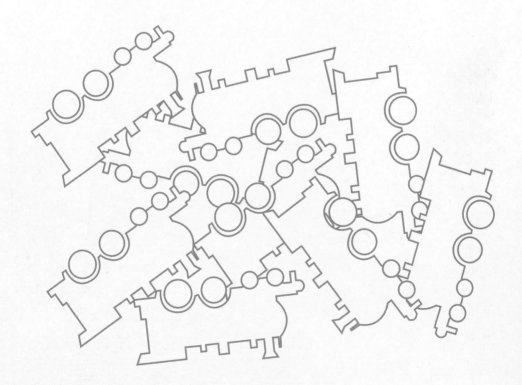

보석 강도

문제 해결 능력

★ ★ ★

악명 높은 보석 도둑은 아직 체포되지 않았다. 그 대신 경찰은 공범을 체포할 수 있었다. 이 뻔뻔한 공범은 보석 도둑의 소재를 완강하게 함구했다. 공범의 소지품을 압수 수색한 결과 경찰은 아래의 메모가 적힌 쪽지를 발견했다.

쪽지 한 면에 아래 내용이

다른 면에는 오른쪽의 숫자판이 그려져 있었다.

1부터 9까지의 임의의 숫자를 열과 행 그리고 굵은 선의 "3×3" 박스에 한 번씩 들어가도록 채워 주기 바란다.

과연 경찰은 유럽의 어느 지역에서 보석 도둑을 체포할 수 있을까?

1	7				8		A	
6	2	B					7	
		9			7		5	C
			D	5				
7		4				2	E	8
			2	7			F	
	4		6	G		9		
	9	H					3	6
		5					2	4

입술이 비뚤어진 사나이

기억력

★ ★ ★

1887년 발표된 셜록 홈즈 시리즈 『입술이 비뚤어진 사나이』의 아래 이야기를 읽어주기 바란다. 문구를 다시 보지 말고 질문에 답해보자.

입술이 비뚤어진 사나이

나는 오늘 하루가 너무나 힘들었다. 집에 오니 몸살이라도 온 듯했다.

대문이 열리는 소리가 들리고서 다급한 말소리와 함께 장판위에서 급한 발소리가 들렸다. 방 문이 휙 열리더니 어두운 색의 의상에 검은 스카프를 두른 여성이 들어왔다.

"너무 늦게 방문한 것에 대해서 이해해주기 바랍니다." 그녀는 이렇게 말하고 갑자기 자제심을 잃더니 아내 목에 팔을 감으며 흐느끼며 얘기했다. "지금 너무 힘들어요. 도와주세요."

"왜 그러시죠?" 스카프를 벗어내며 아내가 받아줬다. "케이트 휘트니군요!! 케이트, 정말 놀랐어요. 문에 들어올 때까지 누구인지 정말 몰랐어요."

"어떻게 해야 할지를 모르겠어요. 그래서 이렇게 달려왔습니다." 인생이란 항상 그렇다. 슬픔에 잠겨 있는 사람이 마치 새가 등대로 날아오듯 나의 아내에게 달려 온 것이다.

"이렇게 와줘서 정말 다행이에요. 자, 이제 와인과 물 좀 마시고, 편하게 안정을 취하고, 이야기를 좀 해보세요."

35

질문

1. 그 여인은 짙은 색의 옷을 입은 채 어떤 색 스카프를 했는가?

2. 스카프를 두른 여인의 이름은 무엇인가?

3. "슬픔에 잠겨 있는 사람이 마치 새가 ----로 날아오듯" 문장을 완성해주기 바란다.

4. 여성에게 어떤 음료가 제공되었는가?

윔블던

수학 능력

★ ★ ★

윔블던 신사 단식 테니스 토너먼트에 참가한 3명의 참가자는 음료를 마시며 게임 성적에 대하여 토의하고 있었다.

아래 단서들을 참조해서 세 명의 참가자의 주된 장점(포핸드, 백핸드, 서브)과 토너먼트 진출 결과(2회전, 3회전, 준준결승)를 알아맞혀 주기 바란다. 메모하지 말고 머리만 써서 풀어보자.

버논은 2회전에서 패하지 않았다. 그의 장점은 포핸드가 아니다. 2회전에 제일 먼저 나간 선수는 서브가 장점이다. 준준결승 진출자의 최고 무기는 포핸드이다. 랜돌프는 서브가 약하다.

선수 이름	주 특기	경기 결과
줄리안		
랜돌프		
버논		

베인스 경위

문제 해결 능력

★ ★ ★

1890년 발표된 셜록 홈즈 시리즈 『등나무 집』에 등장하는 베인스 경위는 셜록 홈즈로부터 그 능력을 인정받은 정말 몇 안 되는 수사관이다. "당신은 당신의 분야에서 큰 성공을 거둘 것입니다. 타고난 본능과 직관이 번쩍입니다."

우리의 명수사관 'BAYNES'를 아래 글자판에서 신속하게 찾아주기 바란다.

B	A	Y
N	E	S

E	Y	B	A	S	B	E	A	B	Y	B	Y	A	Y	B
B	N	A	B	N	Y	S	S	S	A	B	B	B	B	B
E	A	A	A	E	E	Y	E	B	Y	N	S	A	Y	N
N	A	A	B	E	E	Y	S	E	B	Y	A	B	S	A
B	E	S	A	A	E	A	S	E	E	A	B	Y	B	B
Y	E	N	A	B	A	A	A	Y	E	E	B	S	E	Y
A	B	N	A	Y	S	S	E	E	B	Y	N	S	N	B
A	Y	N	N	Y	A	E	B	Y	Y	B	S	N	B	Y
A	S	S	E	B	Y	B	A	S	Y	B	N	E	A	B
A	B	E	Y	Y	B	S	S	S	N	S	S	E	S	E
S	E	B	B	A	Y	B	A	Y	Y	E	B	A	S	Y
S	Y	E	S	E	A	N	E	S	N	B	S	E	A	Y
B	N	A	Y	A	A	N	E	B	N	Y	B	Y	S	S
B	E	B	S	S	A	E	Y	E	S	B	E	A	S	S
A	B	N	A	S	E	Y	Y	E	B	N	A	N	S	S

재무부 장관

수학 능력

★★★

영국의 재무부 장관인 찰스는 사고로 인한 충격으로 의식을 잃고 위태로운 상태에 빠지고 말았다. 영국 여왕의 재가를 이미 받아놓은 국제 협약이 곧 체결되기로 예정되어 있었으며, 문제는 그 원본 서류가 찰스 재무 장관의 개인 보관함에 있었다는 것이다.

재무부 차관이 급히 소환되었다. 그는 언젠가 찰스 장관이 자신의 보관함의 비밀번호가 본인의 일기장 뒤에 적혀 있다고 말한 것이 기억났다. 부리나케 일기장을 열어보니 아래와 같이 숫자들이 타워처럼 쓰여 있었다. 국제 협약이 문제없이 진행되도록 타워 맨 위의 음영 처리한 영역에 들어갈 세 자리의 숫자를 찾아주기 바란다.

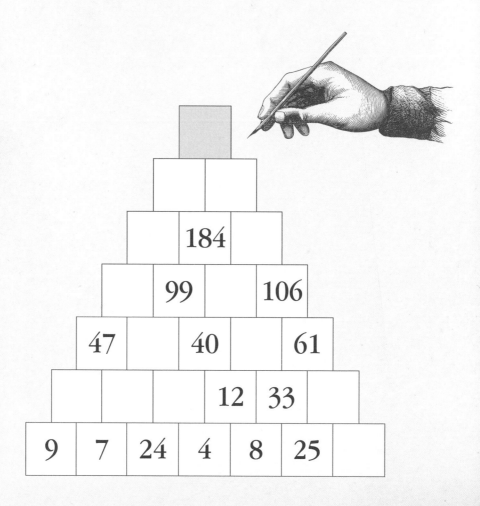

패턴 인식

인식 능력

★ ★ ★

여러분의 인식 능력을 한껏 발휘해서 아래 총천연색의 모자이크 판에서 예시된 6개 조각 패턴을 가능한 한 빨리 찾아내기를!!

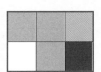

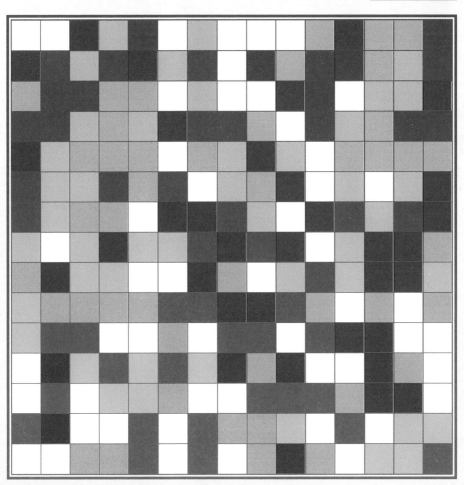

다급한 메모

문제 해결 능력

★★★

베이커 가 221B로 돌아온 왓슨 박사는 홈즈가 다급하게 낙서하듯이 써놓은 메모를 발견했다. 홈즈가 어떤 사건에 몰두해 있음을 직감한 왓슨 박사는 이 메모는 홈즈가 전달하고자 하는 중요한 정보임을 알고 있다. 과연 그 정보는 무엇인가?

???	????	?????	????	?	??	?????	?????
	???	???	?????		?????	?????	?????
????	???	?????			???	?????	?????
??	?????	??			????	?????	?????
????		?			????		?????
		?					

가족 이름

수평적 사고력

★★★

빅토리아 시대의 가족인 마리(Mary)는 세 명의 형제자매가 있었다. 아서(Arthur), 버나드(Bernard) 그리고 클라렌스(Clarence)이다. 아서가 맏이고, 이어서 버나드가 둘째, 그리고 클라렌스가 셋째였다. 마리의 부모는 네 번째 자식의 작명을 할 때 알파벳의 어느 글자를 첫 글자로 하기로 결정했을까?

| *Arthur* | *Bernard* | *Clarence* | *?* |

암호 해석

문제 해결 능력

★ ★ ★

아래의 암호를 해독해주기 바란다. A부터 Z까지의 알파벳을 무작위로 다른 알파벳과 서로 바꿔놓은 것이다. 서로 1:1로 바뀐 두 개의 글자는 계속 그 관계를 유지한다. 즉, 아래 암호에서 하나의 'S'가 원래 그 자리에 있던 'P'와 바뀐 것이라면, 아래 암호에서 나오는 또 따른 'S'도 동일하게 같은 문자 'P'라는 의미이다.

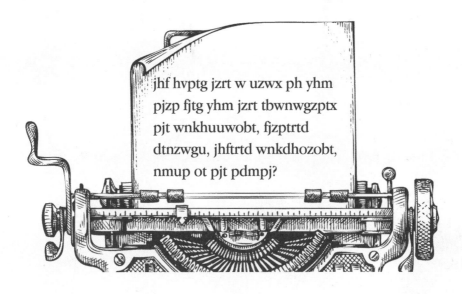

jhf hvptg jzrt w uzwx ph yhm
pjzp fjtg yhm jzrt tbwnwgzptx
pjt wnkhuuwobt, fjzptrtd
dtnzwgu, jhftrtd wnkdhozobt,
nmup ot pjt pdmpj?

몇 점일까?

문제 해결 능력

★ ★ ★

사건과 관련해서 필요한 정보의 도착을 기다리며, 셜록, 왓슨, 레스트레이드 경감 그리고 그렉슨 경감은 게임을 하고 있었다. 왓슨(WATSON)이 92점, 레스트레이드(LESTRADE)가 84점, 그렉슨(GREGSON)이 85점이라면 셜록(SHERLOCK)은?

연상되는 책 이름은?

문제 해결 능력

★★★

아래 숫자에서 애매하게라도 연상해볼 수 있는 셜록 홈즈 시리즈의 작품명은?

0.06975647

힌트 : 삼각함수

원래의 이름은?

문제 해결 능력

★★★

셜록 홈즈 시리즈는 56개의 단편과 4개의 장편으로 이루어졌다. 그중 몇몇 작품의 영문 이름의 알파벳이 뒤죽박죽 섞여버려서 아래와 같이 다른 단어가 되어버렸다. 다시 이 단어들을 재조합해서 작품의 원래 이름을 찾아주기 바란다.

1. O verheat flyleaf (4 words)
2. Casual dentistry (4 words)
3. Marooned ketch (3 words)

라이게이트 수수께끼

문제 해결 능력

★ ★ ★

'REIGATE'는 영국의 아주 작은 시골 마을이다. 너무 작아서 숨어 있는 마을이다. 아래의 그림에서 몇 개나 찾을 수 있을까? 수직 방향, 수평 방향 그리고 대각선 방향으로 이름이 나와도 되며, 이름이 순방향으로, 또는 그 반대로 나와도 된다.

E	E	R	G	A	E	A	E	E	E	E
A	E	T	R	E	I	G	A	T	E	E
G	R	R	A	E	I	T	I	E	A	E
E	E	T	E	G	I	E	T	A	T	T
E	R	I	R	E	I	R	R	A	A	I
T	E	E	A	E	R	E	G	T	E	I
A	I	R	I	A	I	I	R	A	A	R
G	G	A	E	G	E	G	T	A	R	E
I	A	E	E	R	A	A	A	R	E	T
E	T	R	G	T	T	T	E	T	R	E
R	E	T	R	R	R	E	E	E	G	E	I

글자 연결

수학 능력
★ ★ ★

셜록과 왓슨 박사가 사건 조사차 외출하자
허드슨 부인은 사무실을 정리하기 시작했다.
떨어져 있는 메모장을 발견했다.
그 내용이 아래와 같다.

B, C, E, G, K, M, Q, ?

질문
이 글자들이 과연 무엇을 의미할까?
그리고 물음표에 들어가야 할 글자는?

단어의 연관성

문제 해결 능력
★ ★ ★

사건의 본질을 보기 위해서는 풍부한 상상력과 사건의 연관성을 파악하는 능력이 필수적인 덕
목임은 너무나 강조해도 지나치지 않다. 여러분도 우리의 주인공 셜록 홈즈와 같이 이 능력을
최대한으로 발휘해주기 기대한다.

아래 다섯 개의 단어를 유심히 보기 바란다. 단어들의 연관성과 차이성을 찾다 보면 한 단어만
나머지 단어와 구별될 것이다. 어떤 단어가 다르고 그 이유는 무엇일까?

SCHADENFREUDE	VAGABOND	ZEITGEIST

INCUBATION	ANTIPERSPIRANT

THUMB을 찾아라

1889년 발표된 셜록 홈즈 시리즈 『어느 기술자의 엄지손가락』에서 유압기술자 빅터 헤더리가 사고로 그의 손가락을 잃는다.

아래에서 'THUMB'을 찾아주기 바란다. 수직 방향, 수평 방향 또는 대각선 방향으로 내지는 알파벳이 순방향으로 아니면 거꾸로 쓰여서 숨어 있을 수 있다.

```
T B H B T B U H M B T
H H H H T U H H H B H
M M U U H T M U U M B
T H H B H H U B T U H
H T U T T U H U H H M
H B T M T U T H M T T
M M T H U U H M B M U
H B U T B T M T T T U
H B T T B M H M T M U
T T T H M B U H T M M
M M T U M H M M H B B
```

다트 게임

문제 해결 능력

★ ★ ★

왓슨 박사는 주점에서 다트 게임을 하고 있다. 이 순간 그의 머릿속에 들어와 있는 인물은 누구인가?

이름을 옮겨라

창의력

★ ★ ★

만약, WATSON = CGZYUT, MORAN = RTWFS, MYCROFT = TFJYVMA라면

SHERLOCK =?

다음에 올 단어는?

문제 해결 능력

★ ★ ★

옆의 그림에서 문자의 순열에 따라 물음표 위치에 들어올 문자는?

접힌 메모

문제 해결 능력

★ ★ ★

메모지가 접힌 채로 전달됐다.

과연 이 단어는?

TYPEWRITER

특수한 가방

문제 해결 능력

★ ★ ★

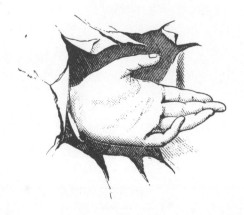

홈즈와 왓슨은 일반적으로 흔히 알고 있는 가방과는 전혀 다른 형태의 특수해 보이는 가방을 앞에 놓고 응시하고 있다. 범인이 사건 현장에서 도주하며 떨어트린 것이다.

이 가방을 열기 위해선 4자리의 비밀번호가 있어야 한다. 0부터 9까지의 임의의 숫자로 구성된 4개 번호를 찾아내야 한다. 10,000번에 해당하는 번호의 조합을 시험해야 하는 고된 작업에 이미 녹초가 되어버린 경찰은 셜록에서 도움의 손길을 내밀었다.

"아이쿠!" 왓슨은 말했다 "이 가방의 주인은 외향적인 성격에 남의 시선을 즐기는 스타일의 사람이네."

"반대의 경우일 거네." 셜록이 대꾸했다.

"주인은 프랑스 사람으로 기억력에 문제가 있는 사람입니다. 경찰나리 여러분들, 제가 확실히 도와드릴 수 있소."

과연 어떻게 셜록이 해결을 할 수 있을까?

THE SOLUTIONS

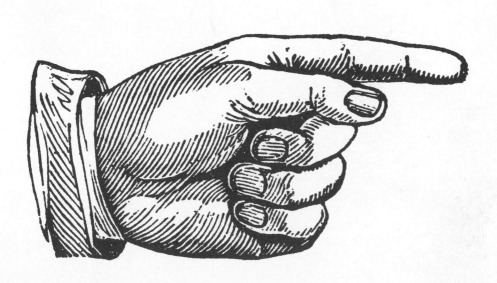

해답

Page 8

탈선 - 외과의사는 앨저넌의 엄마이다(이 퍼즐은 전형적인 수평적 사고의 예이다. 사람들은 일반적으로 의사는 남성이어야만 한다는 성별에 대한 고정관념을 갖고 있으며, 그것에서 벗어나는 것이 핵심이다).

총잡이 - 이 남자는 딸꾹질을 하고 있었다. 그래서 물을 확 들이키기 위해 물 한 컵을 요청한 것이다. 딸꾹질에는 한바탕 놀래키는 것이 효과가 있다는 것을 알고 있던 여관 주인은 총을 꺼내서 겨누며 컵을 준 것이며, 결과적으로 성공적으로 치유해준 것이다.

Page 9

티 클리퍼즈

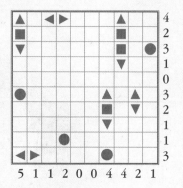

Page 10-11

가족 앨범 - 2와 4가 서로 바뀌었다.

Page 12

비턴 여사의 토끼 파이

1. 2스푼

2. 햄 또는 베이컨

3. 퍼프 페이스트리

4. 2개

5. 포스미트

Page 13

얕은 물웅덩이 - 웅덩이를 가로질러 똑같은 간격으로 말뚝을 나란히 늘어놓는다. 각 말뚝의 꼭대기에서 바닥까지의 길이를 줄자로 잰 다음 전체 길이를 합한다. 이 숫자를 웅덩이에 늘어놓은 말뚝 숫자로 나눈 다음 웅덩이 너비를 곱하면 웅덩이 면적을 알 수 있다.

Page 14

베이커 스트리트 특공대 - 15s 와 8.5d.

5 × 2.5d=12.5d, 이것은 1s와 0.5d

12 × 1.75d=21d, 이것은 1s와 9d

1 × 1.5s=1.5s, 이것은 1s와 6d

모두 합하면 4s와 3.5d.

£1는 20s이니, 20s에서 4s와 3.5d를 제하면 15s와 8.5d.

Page 15

3개의 담배 파이프 – 14개의 파이프.

총 17개밖에 없는데, 그중에서 14개나 집으라 하니 놀랍게 보일 수 있다.

셜록이 파이프를 집을 때, 발생 가능한 경우로서 8개의 갈색 파이프를 모두 집고 또 5개의 베이지색 파이프를 모두 집는다고 생각하면, 총 13개를 이미 집은 것이고, 나머지로 남아 있는 색을 확보하려면 총 14개의 파이프를 집어야 한다.

Page 16

이상한 수조 – 그 남자는 수조에 구멍을 낸 것이다. 물이 흘러나가니 당연히 무게가 줄어든다.

Page 17

한 조각의 수수께끼

Page 18

다섯 개의 화려한 문

대문 1 – 오렌지색

대문 2 – 갈색

대문 3 – 파랑색

대문 4 – 보라색

대문 5 – 노란색

Page 19

심령술사 – 전갈.*

* (점성술에서) 황도십이궁(zodiac)의 각각을 차지하는 별자리 상징물. 12궁(宮) – 백양, 황소, 쌍둥이, 큰게, 사자, 처녀, 천칭(天秤), 전갈, 궁수, 염소, 물병, 물고기.

Page 20

킹의 여정

3	4	6	7	15	16	28	29	98	99
2	5	8	14	17	27	30	95	100	97
1	9	13	18	26	31	93	94	96	85
10	12	19	25	32	90	91	92	86	84
11	20	24	33	79	89	88	87	83	73
21	23	34	66	78	80	81	82	74	72
22	35	42	65	67	77	76	75	71	59
36	41	43	49	64	68	69	70	60	58
37	40	44	48	50	63	62	61	57	56
38	39	45	46	47	51	52	53	54	55

Page 21

나이트의 여정

17	42	55	52	19	40	57	36	21	38
54	51	18	41	56	61	20	39	58	35
43	16	53	70	63	90	67	60	37	22
50	71	64	91	66	69	62	81	34	59
15	44	73	76	89	80	95	68	23	32
72	49	92	65	96	75	88	33	82	1
45	14	77	74	87	94	79	98	31	24
8	11	48	93	78	97	28	85	2	83
13	46	9	6	27	86	99	4	25	30
10	7	12	47	100	5	26	29	84	3

Page 22

세심한 관찰

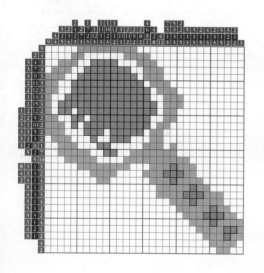

Page 23

보관함 비밀번호 – 2758.

왓슨, 이쪽으로!! – 전화 건 날은 3월 10일.

Page 24

바이올린을 연주하며 – 750번째 음표는 F.

A	B	C	D	E	F	G	F	E	D	C	B
1	2	3	4	5	6	7	8	9	10	11	12
13	14	15	16	17	18	19	20	21	22	23	24

즉 12개를 한 단위로 반복된다.

750/12=62.5. 그리고 62×12=744번째 음표로서 12단위의 끝이다. 고로 745는 A이다.

5개를 더하면 750으로 F가 된다.

Page 24

영원한 사랑 – 존스는 가톨릭 교회의 신부
이다. 고로 결혼식 주례로서 결혼식에서 남
편 앞에서 여러 여성과 혼례 의식을 치른 것
이다. 여러 이성 친구들은 성당의 여러 신도
들이었다.

Page 26

미로 탈출

Page 25

숨겨진 폭발물

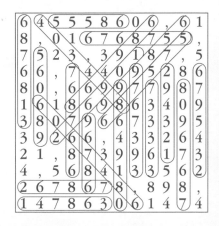

Page 27

몇 월 며칠 – 셜록은 8월 20일 영국으로 귀
국했다.

과일 가판대 – 65개의 사과와 26개의 배

Page 28

저울의 균형 – 1. 18봉지의 피어드롭 사탕
2. 6봉지의 험버그 박하사탕
3. 12봉지의 피어드롭 사탕

Page 29

숨겨진 이탈리아인 – 숨겨진 이탈리아인은 수학자
피보나치. 숫자 찾기가 완성된 후에, 숫자판에서 숫
자 찾기에 포함되지 않은 숫자들을 좌에서 우 방향
으로 그리고 위에서 아랫방향으로 나열해보면 유명
한 피보나치수열*과 일치한다.

0, 1, 1, 2, 3, 5, 8, 13, 21, 34, 55, 89, 144

* 피보나치수열 : 이탈리아의 수학자 피보나치 레오나르도 (1180-1250)이 만든 것으로 (0,
1, 1, 2, 3, 5, 8, 13 …)처럼 앞 두 개의 수의 합이 그 다음 수로 이뤄진 수열.

'셜록' 스도쿠

R	E	S	O	L	C	H	K
K	L	C	H	S	O	E	R
S	K	E	C	O	R	L	H
O	R	H	L	C	K	S	E
H	O	L	K	E	S	R	C
C	S	R	E	H	L	K	O
E	C	K	S	R	H	O	L
L	H	O	R	K	E	C	S

4개의 나무 상자 - 왓슨 박사는 틀렸다. 그는 결정을 바꿔서 4번 상자를 열어야 한다. 그가 추측한 대로 확률이 50-50이 아니다. 금화가 4번 상자에 있을 확률은 3/4이고, 1번 상자에 있을 확률은 1/4이다. 고로, 욕심낸다면 반드시 4번 상자를 선택해야 한다.

Page 33 **구슬 굴리기** - 15번의 구슬 이동. 오른쪽 4번으로, 아래 64번으로, 오른쪽 67번으로, 위 37번으로, 왼쪽 32번으로, 아래 72번으로, 오른쪽 76번으로, 위 6번으로, 오른쪽 9번으로, 아래 49번으로, 왼쪽 43번으로, 아래 83번으로, 오른쪽 88번으로, 아래 98번으로, 오른쪽 100번으로.

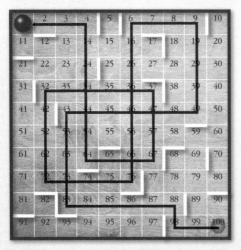

셜록의 'S'

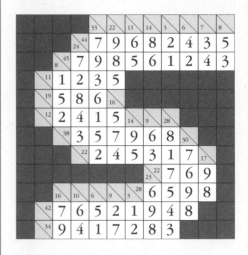

셜록의 'S' 찾기

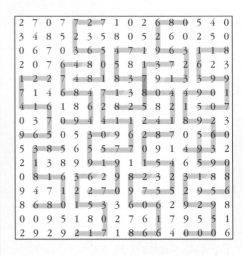

빅토리아 열기구 - 일등부터 - 장미, 십자가, 사자, 방패, 용.

Page 36

게임, 세트 그리고 승부 – 테니스게임에서는 다른 스포츠와 달리 두개의 점수, 즉 게임 점수와 세트 점수가 있기 때문에 경기에서 상대보다 더 많은 득점을 하고도 게임에서 지는 것이 가능할 수 있다. 이러한 운명의 장난이 바로 헨리에게 발생한 것이다.

권투하는 산토끼 – 36번의 싸움이 가능.

Page 38

구슬은 어디에? – 구슬은 왼쪽 손 앞 즉 컵 A에 들어 있다.

Page 37

무게 측정 – 단 한 번의 측정 행위로 충분함.

핵심은 7개의 더미에서 각각 다른 수량의 무게 추를 뽑아내는 것이다. 가장 간단한 방법으로, 첫 번째 더미에서 한 개의 무게 추를 뽑고, 두 번째 더미에서 두 개의 무게 추를, 그리고 세 번째에서는 세 개의 무게 추를, 마지막 일곱 번째에서는 일곱 개의 무게 추를 뽑는다.

만일 모든 무게 추의 무게가 1파운드라 가정해보면, 1+2+3+4+5+6+7로 총 28파운드를 상정할 수 있다. 그러면 이제 실제로 뽑은 28개의 무게 추를 측정해본다. 실제 측정치가 28.1파운드라면, 28.1에서 28을 빼면 0.1파운드의 차이가 나고, 이 수치는 단 한 개의 무게 추에서 비롯되었다는 것을 반영한다. 단 한 개만 뽑았던 더미가 바로 무게가 다른 더미임을 의미한다. 같은 논리로 실제 측정치가 28.7파운드라면, 28.7에서 28을 빼면 0.7파운드의 차이가 나고, 이 수치는 7개의 무게 추에서 비롯되었다는 것을 반영한다. 7개를 뽑았던 더미가 바로 무게가 다른 더미임을 의미한다.

Page 39　**반지** – 작은 반지에서 큰 반지 순으로 정렬하면 'MARY MORSTAN'이 나온다. 이 인물은 셜록 홈즈 시리즈 『네 사람의 서명』에서 처음 등장하며 후에 왓슨 박사의 아내가 된다.

Page 40　**최초의 자전거** – 536번 회전.

1차 시도 – 큰 바퀴 13, 작은 바퀴 39

2차 시도 – 큰 바퀴 9, 작은 바퀴 27

3차 시도 – 큰 바퀴 112, 작은 바퀴 336

Page 41　**난해한 쪽지** –

1. 단단하네, 뻣뻣하네　　2. Gesellschaft

3. 칼스배드　　4. 푸른색

Page 42

홈즈의 탈출 – 여러 옵션의 루트가 있다. 가장 빠른 루트는 아홉 번의 이동으로, 좌측 상단의 시작 칸부터 1, 4, 16, 14, 20, 24, 6, 30, 36 의 순서로 이동한다.

Page 43

빨간 머리 갱단 – 9명.

가로로 두 명, 세로로 두 명씩 앉거나 테이블 방향을 바꾸어 가로로 세 명, 세로로 두 명씩 앉을 수 있다. 즉 4+4, 4+5, 4+6이 가능하다. 그런데 조직원은 홀수라고 했으므로 9명이 된다.

워크하우스에서 – 매 120일마다.

8과 10 그리고 15의 최소 공배수이다.

Page 44-45

두 개의 사진

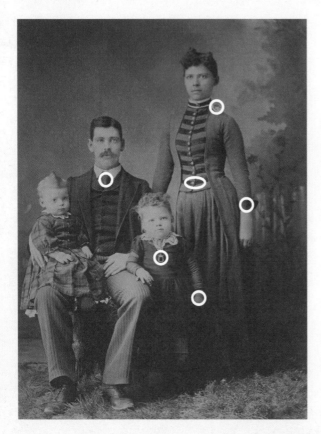

Page 46

9 × 9

– 총 285개의 사각형이 있다.

1개 9×9		4개 8×8	
9개 7×7		16개 6×6	
25개 5×5		36개 4×4	
49개 3×3		64개 2×2	
81개 1×1			

Page 47

백주(白晝)의 강도 – 경찰은 음료를 이 미스터리의 핵심 열쇠로 주목했다. 경찰이 홍차로 생각했던 어두운 색의 음료는 사실 왕수(王水)*였다. 금반지는 사실 이 왕수로 처리돼서 녹은 것이다. 장갑을 끼고 이 왕수를 혼합하였고, 후드는 발생되는 유독 가스로부터 숨을 참을 때 쓴 것이다.

도둑들은 이후에 상황이 허락할 때에 다시 금반지로 복원하려 한 것이다.

세쌍둥이 – 같은 엄마에게서 연이어 태어난 또 한 명이 있었다. 그러므로, 세쌍둥이가 아닌 네쌍둥이다.

* 왕수(王水, 라틴어: aqua regia)는 진한 염산(HCl)과 진한 질산(HNO3)을 3:1로 섞은 용액이다. 일반 산에는 녹지 않는 금이나 백금 등의 귀금속을 녹이며, 그래서 '왕의 물'이라는 뜻의 이름이 붙었다.

Page 48

범죄 현장 – 이것은 창의력 문제이다. 정답은 없다.

'홈즈' 스도쿠

O	L	H	S	E	M
E	S	M	O	H	L
S	E	L	M	O	H
H	M	O	L	S	E
L	O	E	H	M	S
M	H	S	E	L	O

Page 49

25를 만들어라

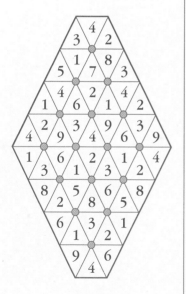

Page 50

어둠 속의 독서 – 스미스 경은 장님이었다. 그는 점자책을 읽고 있었다. 고로 불빛의 여부는 문제가 되지 않았다. 그는 가스등의 가스가 연소하는 소리가 끊기는 것을 들었기에, 가스등이 꺼진 것을 인지할 수 있었다.

Page 51

3개의 담배 파이프 상자 – "클레이와 브라이어 파이프" 상자에서 파이프 한 개를 꺼낸다. 만일 그것이 클레이 파이프라면, 그 안에 클레이 파이프가 들어 있는 것이니 라벨을 "클레이 파이프"로 다시 붙인다. 그리고 "브라이어 파이프" 상자는 "클레이와 브라이어 파이프"로 라벨을 다시 붙인다. 반면에 '클레이 파이프"로 라벨이 붙어 있던 상자에는 브라이어 파이프가 원래부터 들어 있던 것이 되니 "브라이어 파이프"로 다시 붙인다.

같은 논리로, 첫 번째 꺼낸 파이프가 브라이어 파이프이면, "클레이와 브라이어 파이프" 상자는 "브라이어 파이프"로 라벨이 바뀌어야 한다. "클레이 파이프" 상자는 "클레이와 브라이어 파이프"로 라벨이 다시 붙여야 하며, "브라이어 파이프" 상자는 "클레이 파이프"로 바뀌어야 한다.

Page 52

행복한 은행 강도 – 강도는 현찰을 가지고 나오지 않았다. 그 대신 은행 보관실에 있던 골드바를 가지고 나왔다.

딸기 농장 – 하나도 없다. 그가 키운 것은 일반 딸기이지 산 딸기가 아니다.

Page 53

뺄셈 – 단 한 번.

단 한 번의 뺄셈으로 190이 된다.

금메달을 향해서 – 아치볼드는 철인 10종 경기에 참가하고 있었다. 두 개의 종목에서는 우승을 했지만 나머지 8개 종목에서는 그렇지 못했다. 고로 금메달을 받을 수 없었다.

Page 54

홈즈의 메모 – WHITEHOUSE가 셜록이 쫓고 있던 인물이다.

메모에 적힌 번호는 원자번호이다. 주기율표를 참고해서, 번호대로 원소를 기술하면 W+H+I+Te+Ho+U+Se이다. 텅스텐+수소+아이오딘+텔루륨+홀뮴+우라늄+셀레늄.

수술대 – 이 남자는 의족을 하고 있었다. 주먹 싸움으로 다친 가벼운 상처 부위의 치료를 하기 수술대 위에 누워 있었던 것이다.

Page 55

4대 발명품

Page 56

체중과 발자국 – 세 명 중에 범인이 있다.

세 명의 평균 체중이 155파운드이니, 세 명의 체중은 전체로 465파운드이다. 주어진 두 명의 체중을 제하면 149파운드가 남는다. 이 체중이 세 번째 용의자의 체중이 된다. 그런데 범인의 체중이 150파운드를 넘지 않으니 이 세 번째 용의자가 범인이 된다.

하트 퀸 – 1/2652의 확률이다.

52장에서 하트 에이스를 집을 확률은 1/52, 그리고 나머지 51장에서 하트 퀸을 집을 확률은 1/51, 고로 1/52×1/51=1/2652.

Page 57

담배 파이프

Page 58

진실 게임 – 두 질문 모두 목요일.

인구 폭발 – 134%.

Page 59

추적견 – TOBY

4	26	63	63	84	48	66	40	22	16	86	40	30
76	21	95	67	39	61	77	1	24	10	54	6	49
22	56	79	37	72	50	8	58	99	58	95	93	46
68	17	81	69	49	4	27	9	17	78	10	89	78
97	27	41	97	48	43	18	63	19	34	38	9	41
1	20	29	99	7	23	30	36	90	91	22	57	54
96	73	4	21	40	69	65	31	70	83	25	10	94
50	41	76	9	98	74	55	62	63	56	30	70	2
76	30	94	62	70	2	77	61	32	8	96	68	44
73	93	85	6	68	55	57	9	1	87	4	17	4
79	6	23	22	32	66	55	69	95	21	88	45	53
9	5	61	64	87	65	73	33	74	46	15	25	37
25	29	45	44	74	38	64	86	19	14	34	15	64

Page 60

로마 숫자

VI	×	VIII	–	IV	XLIV
+		×		÷	
V	+	VII	–	I	XI
×		+		÷	
IX	+	III	÷	II	VI
XCIX		LIX		II	

Page 61

떨어트린 열쇠 – 그렇다, 6번.

스코어는? – 32.

한 글자당 4이다. 고로 4×8(Moriarty-8자) = 32.

Page 62

사슴 사냥꾼 – 15/1024(또는 0.0146), 계산은 ¼ × ¼ × ¼ × ¼ × ¾ × 5.

Page 63

세 명의 키 작은 용의자

이름	신장	나이
하비	5피트 1인치	37세
러셀	5피트 3인치	44세
레스터	5피트 2인치	30세

나폴레옹과 바다제비 – 왓슨 박사다. 홈즈는 단편소설 「마지막 사건」에서 모리어티를 '범죄의 나폴레옹'에 비유한 반면 단편소설 「해군 조약문」에서는 왓슨을 '범죄의 바다제비'라고 말한다.

Page 65

탐정의 책상

Page 64

맞는 열쇠

오렌지 씨앗 – 총 126개의 경우의 수가 있다.

수학공식 : n!/r!(n-r)!

"!"은 팩토리얼

(예를 들어, 4!=4×3×2×1=24)

n은 소형 박스의 개수 (9)

r 은 오렌지 씨앗의 개수 (5)

고로, 9!/5!×4!,

362880/2880=126.

Page 66

지문 – B

Page 67

세 개의 연도 – 옆에 표에서 보이듯이 찾아진 숫자 열은 하얀 동그라미로 표시되어 있다. 갈색 동그라미는 그 안의 숫자가 숫자 열에 두 번 이상 포함되었음을 의미한다. 총 12개의 갈색 동그라미가 있으며, 그 속의 12개의 숫자는 "1819 1837 1901"로서 세 개의 연도다. 세 개의 연도는 각각 빅토리아 여왕이 태어난 연도, 여왕에 즉위한 연도 그리고 타계한 연도다.

1	3	5	0	2	4	9	2	8	8
6	2	4	4	5	6	8	0	4	2
2	8	0	2	1	9	1	3	8	4
5	9	6	3	3	4	7	7	1	5
0	7	2	7	7	2	4	2	8	3
2	1	7	4	8	1	1	5	2	5
2	8	9	0	2	3	9	3	4	8
2	7	3	2	0	3	8	2	5	0
8	6	1	8	0	9	1	1	7	2
0	5	7	6	9	7	6	7	8	9

Page 68

그림 기억하기

1. 열쇠.

2. 밝은 파랑.

3. 돋보기.

Page 69

박람회 - 58장 수채화, 34장 유화

기이한 백만장자 - 실제로 이 신사는 이 기이한 거래에서 돈을 잃었다. 그러나 이 신사는 이 거래 이전부터 백만장자이었다. 이렇게 드러내놓고 자선행위를 하는 것에 자부심을 갖고 있었기에, 비정상적 방법으로 자선활동을 위장한 것이다.

Page 70

안전지대 1 - 46번 칸이 유일한 안전지대이다.

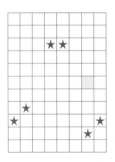

Page 71

안전지대 2 - 37번 칸이 유일한 안전지대이다.

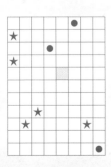

Page 72

이름과 스코어 - 점수 1,001 이름에서 로마숫자만 더해준다. 다른 글자는 무시한다.

Sherlock = L+C=50+100=150

Holmes = L+M=50+1000=1,050

Lestrade = L+D=50+500=550

그리고 Moriarty = M+I=1000+1=1,001

바이올린 연주 - Bea라는 이름의 단원이 위험하다. 셜록은 이 광인 마에스트로가 살인을 한 후에 피해자의 이름을 바이올린으로 연주하고 있는 것을 알아차렸다. 이런 이유로 오케스트라 단원 중에서 그 이름이 바이올린으로 연주가 가능한 사람이 위험할 수 있다(A~G 문자로 이루어진 이름). 고로 Eula와 Gale은 안전하며, Bea는 위험하다.

Page 73

애도 - 14,283일

1862년부터 1900년까지 총 39년의 날 수는 $30 \times 365 + 9 \times 366 = 10,950 + 3,294 = 14,244$일. 여기에 22일(1901년의 22일)과 17일(1861년의 남은 일수)을 더하면 총 14,283일.

Page 74

커다란 느릅나무 - 삼각함수로 계산. 나무 높이는 Sin 60°(0.866)×120피트 = 103.9피트.

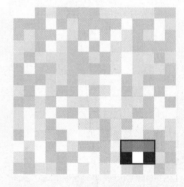

Page 75

이륜마차 마부 –

우리가 찾는 마부는 E.

첫 번째 단서에서 B와 F 제외.

두 번째 단서에서 D 제외.

세 번째 단서에서 A와 G가 먼저
제외되며, 이어서 C가 제외된다.

유럽 여행 –

파랑색과 노랑(또는 금색).

상의와 하의 색상은 각 방문 나라
의 국기 색상.

스코틀랜드와 그리스 국기 : 파랑
색과 하얀색.

덴마크 국기 : 빨간색과 하얀색.

스웨덴 국기 : 파랑색과 노랑(또
는 금색).

Page 76

링크 연결하기 – 백열등

Page 77

이웃 연결하기 – 우체통

Page 78

패턴을 찾아라.

Page 79

빅토리안 열차

열차 이름	최대 속도	색상
스팀드림	65 mph	녹색
피스톤푸셔	55 mph	파랑색
코울쳐거	60 mph	빨간색

Page 80

'킬러' 스도쿠 – 숫자판의 91개 칸이 다 채워졌으면, 숫자 '2'가 살인자의 이름을 알아내는 열쇠이다. 알파벳이 들어 있는 격자 판에서 숫자판에서 2가 위치한 모든 칸에 해당하는 알파벳을 대조하면 'JEFFERSON'이 드러난다.

Jefferson Hope는 1887년에 발표된 『주홍색 연구』에 등장하는 인물로 약혼녀에 대한 복수로 살인을 한다.

8	3	2	4	5	7	9	6	1
7	9	6	3	8	1	2	4	5
1	5	4	6	2	9	7	8	3
4	1	5	8	9	2	6	3	7
9	6	7	5	4	3	8	1	2
2	8	3	7	1	6	5	9	4
6	4	1	8	7	8	3	5	9
5	2	8	9	3	4	1	7	6
3	7	9	1	6	5	4	2	8

Page 81

11명의 등장인물 – 코난 도일(Conan Doyle) – 셜록 홈즈 시리즈의 저자.

MA**C**DONALD

C**O**OK

WI**N**DIBANK

BR**A**DSTREET

RA**N**CE

AN**D**ERSON

ST**O**NER

RO**Y**LOTT

HO**L**MES

GR**E**GORY

여우와 닭 – 21

월과 일을 더한다.

1월 4일 → 5

3월 9일 → 12

5월 4일 → 9

4월 17일 → 21

Page 82

세 명의 용의자

이름	머리색	나이
그리그스	빨간색	24
웨이크필드	갈색	34
채토웨이	블론드	44

독이 든 성배 –

당신의 창의력에 맡긴다. 정답은 없다.

Page 83

이름을 찾아라 –

작은 원에서 큰 원으로 정렬하면 'SIDNEY PAGET'이 쓰인다.

이 사람은 셜록 홈즈 시리즈에 그림을 그린 유명한 영국의 삽화가이다.

Page 84

다리를 만들어라

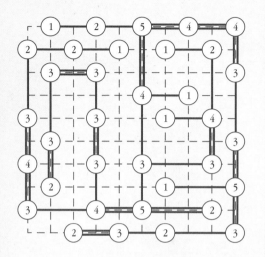

Page 86

디오게네스 클럽 – 이 클럽의 회원 수는 121명에서 132명 사이이다.

만일 120명이라면, 이는 동일한 달에 태어난 사람이 정확히 10명이며, 12개월로 보면 120명이 되는 것이다.

셜록이 언급한 대로 최소 11명의 회원이 같은 달에 태어난 것이라면 적어도 12달 중 어느 하나의 달에서 11명이 태어난 것이다, 고로 121명이 된다.

마이크로프트가 언급한 대로, 한 달에 11명이 넘지 않는다 했으니 최대 11명으로 상정하면 12개월에 최대 132명이 된다.

Page 85

빅토리아 시대 발명품 –

가스등 : 9

그림 : 6

증기선 : 10

우표 : 3

Page 87

네 개로 쪼개진

네 개의 양초 – 박스 C

박스 C가 1페니 기준 가장 오래 간다.

Page 88

블록 게임 –

"총 57번 블록을 이동한다."

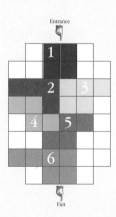

1 좌로	5 아래로	5 우로
3 위로	5 좌로	1 아래로
5 우로	5 좌로	4 좌로
4 아래로	5 아래로	4 위로
2 아래로	5 좌로	1 위로
1 아래로	2 위로	5 위로
1 좌로	2 위로	6 우로
3 좌로	4 위로	6 위로
3 위로	4 위로	6 우로
5 위로	5 아래로	1 아래로
5 위로	1 아래로	1 아래로
5 위로	3 좌로	5 좌로
2 우로	2 위로	5 좌로
2 우로	4 좌로	6 위로
2 우로	4 위로	1 우로
4 우로	5 우로	1 우로
4 우로	1 아래로	1 아래로
4 우로	4 좌로	그리고 탈출
4 아래로	2 아래로	
2 아래로	3 우로	

Page 89

도미노 게임

1	4	0	0	1	6	3	3
1	6	2	1	1	2	4	5
3	3	2	3	4	6	0	6
0	5	0	3	3	0	6	4
1	1	2	3	6	2	5	5
5	2	2	0	6	5	0	2
4	4	5	6	5	4	1	4

Page 90

불법 주화

합 구하기 – 정답은 36,333

(33,333이 아님)

Page 91

월터의 직업 – 월터는 등대지기이다. 그는 불이 소등되면 배들이 좌초할 수 있기에 매우 위험한 상황임을 잘 알고 있다.

Page 93

홈즈를 기다리며

Page 92

홈즈에게 기사 작위를 – 한 명의 공범이 건물 뒤의 정원에서 열기구로 언제든지 이륙할 수 있도록 준비하고 앉아 있었다. 두 용의자는 이 층의 창문으로 뛰어 올라갔고, 그 순간 공범은 열기구를 이륙시켰으며, 밧줄을 두 용의자에게 드리어 내려줬다. 열기구가 천천히 올라갈수록 두 용의자도 올라가며 탈출을 한 것이다. 잠복하고 있던 베이커 스트리트 특공대 대원은 문 앞에 바로 있으면서도 고양이들이 싸우며 내는 소음 때문에 열기구의 버너가 연소하는 소리를 들을 수 없었다. 용의자들은 아무런 흔적 없이 하늘로 사라진 것이다.

Page 94

화려한 셜록 홈즈 –
'SHERLOCK'은 모두 파란색이다. 반면에 'HOLMES'는 갈색이다.
고로 파란색 'HOLMES'는 예외적이다.

HOLMES HOLMES HOLMES **HOLMES**
SHERLOCK HOLMES SHERLOCK **HOLMES**
SHERLOCK SHERLOCK **HOLMES** SHERLOCK
HOLMES **SHERLOCK** HOLMES HOLMES
HOLMES **HOLMES** SHERLOCK **SHERLOCK**
HOLMES SHERLOCK **HOLMES** HOLMES
SHERLOCK HOLMES SHERLOCK **HOLMES**
HOLMES HOLMES **SHERLOCK** HOLMES
HOLMES SHERLOCK HOLMES HOLMES
HOLMES **SHERLOCK** SHERLOCK SHERLOCK
SHERLOCK HOLMES SHERLOCK HOLMES
SHERLOCK **SHERLOCK** **HOLMES** SHERLOCK
HOLMES **HOLMES** HOLMES **HOLMES**

Page 95

1851년 박람회 – 다섯 번째 다이아몬드는 10,125 파운드이다.

행복한 대가족 – 8명의 어린이들. 시드니 씨와 일곱 자매들(즉, 일곱 자매들 각 개인에게 시드니 씨가 바로 남자 형제이다).

Page 96

화학자 – 홈즈

물질 종류	색상	냄새
X 물질	오렌지	닭
Y 물질	핑크	양파
Z 물질	노란색	생선

Page 97

카드 채우기

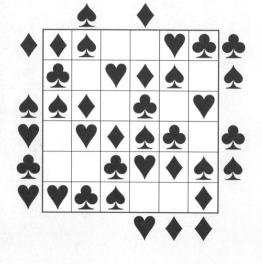

Page 98

골드 러쉬 – 보트는 601파운드가 최대 수용 가능한 무게이고, 세 명의 사람과 6개의 금덩어리는 총 603파운드이다. 고로 2파운드를 줄여야 한다. 세 사람 중에서, 두 사람은 한 사람이 3개씩의 금덩어리를 가지고 공중에 던지면서 저글링을 한다. 즉 한 사람이 한 개씩을 항상 공중에 던져놓는 것이다. 고로 두 사람이 2파운드를 줄이는 것이다. 나머지 한 사람은 노를 저어서 보트를 이동시킨다.

홈즈의 시간 – 셜록은 12:29에 일과를 마무리했다.

Page 99

나무 심기

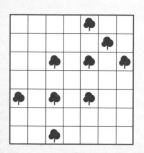

Page 100

화살과 범인

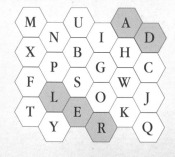

Page 101

육각형 퍼즐

Page 102

인물 퍼즐

Page 104 홈즈의 부탁 –

63 = 9 × 7(7대 불가사의)

83 = 81보다 큰 첫 번째 소수

85 = 4 × 20 면체+5

73 = 원자 번호 73–탄탈럼

78 = 12 × 6+6

53 = 18 × 3명 동방박사–1

81 = 7 × 12(황도 12궁)–3

만들어지는 숫자 63, 83, 85, 73, 78, 53, 81 는 시계에서 두 시계바늘의 방향을 의미 한다. 63의 예를 들면, 시계 중앙에서 6시 방향과 3시 방향으로 시계 바늘이 향하는 것이다. 두 시계 바늘을 사람의 양팔로 해석하면, 바로 수기신호가 된다. 수기신호 규정에 의하면 63 방향은 'M'이 된다. 같은 논리로 하면 '63, 83, 85, 73, 78, 53, 81'는 각각 'M Y C R O F T'로 해석된다.

Page 103 숨겨진 주화 – 73온스.

2개의 흰색 주화 = 5개의 은색 주화 = 9개의 금색 주화

이 세 개 숫자의 최소 공배수는 90.

각각의 주화가 가질 수 있는 가장 적은 무게는

2개의 흰색 주화 = 90 온스

5개의 은색 주화 = 90 온스

9개의 금색 주화 = 90 온스   그러므로,

1개의 흰색주화 = 45 온스

1개의 은색 주화 = 18 온스

1개의 금색 주화 = 10 온스

총   73온스

원래의 물건은?

Page 105 'HOLMES'를 찾아라. – 주어진 격자 판에 'HOLMES'를 총 62개의 방법으로 채울 수 있다.

Page 106 다음 연도는? – 1986년.

핼리혜성(76년 주기로 태양을 공전하는 혜성)을 지구에서 관찰할 수 있는 연도.

골상학 – 여러분의 상상에 맡긴다. 정답은 없다.

Page 107 네 사람의 서명 –

1. 장미나무 뿌리로 만든 담배 파이프.

2. 프랑수아 르빌라르.

3. 리가(1857년), 세인트루이스(1871년).

4. 구겨진 편지.

Page 108

'SHER'

E	H	R	S	H	R	S	E
H	S	E	R	S	E	R	H
S	R	H	E	R	H	E	S
R	E	S	H	E	S	H	R
H	R	E	S	H	R	E	S
E	S	R	H	R	H	S	E
R	H	S	E	S	E	H	R
S	E	H	R	E	S	R	H

공개 자백 –

여러분의 상상에 맡긴다.

정답은 없다.

Page 109

'LOCK'

L	K	O	C	O	C	L	K
O	C	L	K	L	K	C	O
K	O	C	L	C	O	K	L
C	L	O	K	O	L	C	K
L	C	K	O	K	C	L	O
O	K	L	C	L	K	O	C
K	O	C	L	C	O	K	L
C	L	K	O	K	L	O	C

축제 – 두 번째 게임이 가능성이 높다.

첫 번째 게임 성공 가능성은 1/142,506(30개에서 5개 맞히기), 두 번째 게임 성공 가능성은 1/125,970(20개에서 8개 맞히기).

Page 110

네 개의 발명품 – 성냥이 나머지 셋과 연관성이 떨어진다.

나머지 세 물건은 모두 숫자와 관련이 있다. 그러나 성냥은 아니다.

Page 111

엘버트 공

B	E	A	R	T	L
L	A	T	B	R	E
T	B	R	E	L	A
A	R	E	L	B	T
E	L	B	T	A	R
R	T	L	A	E	B

Page 112

비밀번호를 찾아라 – 번호는 2047.

Page 113

불꽃놀이

폭죽 이름	지속 시간	도달 높이
건메탈로켓	25초	40 피트
그레이스파클	20초	20 피트
실버블레이즈	15초	10 피트

Page 114

운명의 숫자 – 1859

코난 도일이 태어난 해.

Page 114

인물과 숫자 – 5.3(자음의 숫자 . 모음의 숫자)

모리어티(Moriarty)는 5개의 자음과 3개의 모음.

Page 115

거울 속의 얼굴 – D

영국 화폐 – £14.8s.4d.

Page 116

빅토리아 시대 이름들 1

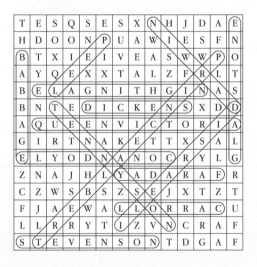

Page 117

빅토리아 시대 이름들 2

Page 118

세 명의 요리사

요리사 이름	육류	경력
테오도르	돼지고기	10년
실라스	소고기	5년
피니어스 .	양고기	15년

9명의 자식들 – 9+1+2+3+4+5+6+7+8+9=54

Page 119

붉은 원 -

1. 데일리 가제트.

2. 지미.

3. 브릭스톤 버스.

4. 워렌 부인의 하숙인.

Page 120

달콤한 사탕 - 36개.

식기 세척기 - 16.

Page 121

식재료 -

1. 1번 - 4번 그림.

2. 2번 - 8번 그림.

3. 3번 - 9번 그림.

4. 5번 - 6번 그림.

Page 122

동물 농장 - 돼지.

십이지*에 동물 순서에 따라 등장하고 있다.

* : 십이지(十二支)
자(子), 축(丑), 인(寅),묘(卯),진(辰), 사(巳), 오(午),미(未),
신(申),유(酉), 술(戌), 해(亥).
(쥐, 소, 호랑이, 토끼, 용, 뱀, 말, 양, 원숭이, 닭, 개, 돼지)

다섯 개로 쪼개진

Page 123

가스등

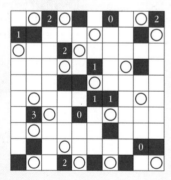

Page 124

그림 찾기 -

a. A3   b. A2

c. A1   d. C1

Page 125

배스커빌 가의 개 - C

Page 126

다섯 명의 용의자

이름	성	직업	신장
백스터	브루어	안경사	5피트 8인치
클라렌스	린치	토지관리인	5피트 6인치
에드먼드	모리스	보험수리사	5피트 5인치
길버트	굿윈	변호사	5피트 4인치
헨리	라이트	의사	5피트 7인치

Page 127   **세 명의 용의자** – 백스터가 살인자이다.

세 명의 용의자 본인들끼리 대화한 내용이 사실이라면, 클라렌스는 살인자가 아니며, 그와 마주 앉은 반대편 사람이 살인자이다. 마지막 문구를 보면, 클라렌스가 테이블을 넘어 두 사람과 각 각 악수를 하였다. 이는 클라렌스의 반대편에 나머지 두 사람이 앉아 있는 것을 말해준다. 즉 직 각삼각형의 꼭짓점처럼 세 사람이 위치해 있다. 클라렌스는 백스터와 앉은 상태에서 악수를 하 였고 헨리와는 악수하기 위해 일어서야만 했다. 백스터가 클라렌스에 더 가까이 있는 것이고 헨 리는 멀리 있는 것이다. 고로 백스터가 클라렌스와 반대편에 바로 마주하여 있으니 살인자이다.

Page 128

공포의 계곡

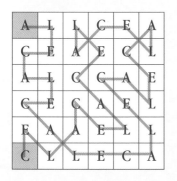

Page 129

위대한 발명품

케이크 한 조각 – 먼저 나이프를 수직으로 움직여서 케이크를 둘로 자른다. 두 번째로 첫 번째와 같이 그러나 각도를 90도 틀어서 자른다. 그러면 4개의 동일한 조각이 만들어진다. 마지막으로, 수직이 아닌 수평 방향으로 나이프를 움직여서, 네 개의 조각이 위에서 만들어지고 또한 네 개의 조각이 아래에 만들어진다. 고로 나이프를 세 번 사용해서 동일한 모양의 여덟 조각이 만들어졌다.

Page 130   **금고 번호** – 54와 20, 고로 금고 번호는 54×20=1080.

앞 번호의 각각 한 자리 숫자를 곱해주면 그것이 다음 번호가 된다. 예를 들어 7688이면 그 다음 수는 2688이 된다. 7×6×8×8=2688. 3×3×6=54. 5×4=20.

거짓말쟁이 – 애거다는 진실을, 나머지 두 사람 아델라와 앨리스는 거짓말을 하는 것이다.

핵심은 모순 찾기이다. 만약 아델라가 사실을 말한다면, 애거다는 거짓말을 하는 것이고, 이것 은 바로 앨리스가 사실을 말한다는 것이다. 이는 아델라가 동시에 사실을 말하면서 또한 거짓 말을 한다는 것을 의미하며 모순이 되는 것이다. 반면에 아델라가 거짓말을 한다면, 애거다는 사실을 말한 것이고 앨리스는 거짓을 말하는 것이다. 이것은 상호 일관성이 성립된다. 고로 정 답이다.

Page 131

추측 게임 - 금요일은 숫자 5와 관련된 것.

　　　　　　화요일 - 장갑 - 2.

　　　　　　수요일 - 동방박사 - 3.

　　　　　　목요일 - 사계절 - 4.

기대 수명 - 오늘은 1월 1일.

퍼시 씨의 생일은 12월 31일. 고로 이틀 전은 12월 30일로 39세. 12월 31일 그는 40세. 이번 해는 41세. 내년은 42세.

Page 132

모리어티 교수 - 아담 워스(Adam Worth, 1844-1902)라는 실제 인물은 그의 국제적인 범죄 경력으로 범죄계의 나폴레옹이라는 별명을 갖고 있었다. 이 인물이 아서 코난 도일에 의하여 모리어티 교수라는 인물로 소설 속에서 재탄생한 것이다.

Page 133

기억력 게임 - 1. 개

　　　　　　2. 갈색

　　　　　　3. 모자

Page 134-135

용의자 심문 - 가장 빠른 길은 48마일.

A ⇒ B ⇒ C ⇒ E ⇒ G ⇒ D ⇒ F ⇒ A.

반대로 'A ⇒ F ⇒ D ⇒ G ⇒ E ⇒ C ⇒ B ⇒ A'도 가능하다.

Page 136-137

난해한 기호 - £*£@

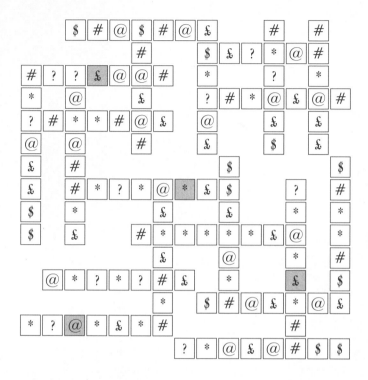

Page 138

베이커 가에서 빅토리아까지 - 늙은 말의 2.5마일 이동 소요시간은 15분(2.5/10×60).

젊은 말의 2.25마일 이동 소요시간은 11.25분 (2.25/12×60)

그런데 홈즈가 모퉁이까지 가는 데 4분이 소요.

총 소요 시간 15.25분(11.25+4).

고로 늙은 말을 타야 빨리 간다.

Page 139

빅토리아에서 포크스톤까지 - 세인트 폴(4713).

Page 140

루프 퍼즐

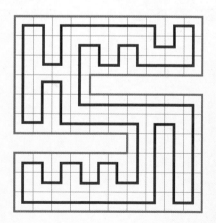

Page 141

매직 박스 – 19 와 30.

1930년은 셜록 홈즈를 이 세상에 탄생시킨 아서 코난 도일이 타계한 해.

마부와 승객 – 란다우 마차 마부는 홈즈와 왓슨 박사가 가고자 하는 목적지에 정확히 데려다 주었다. 이것은 마부가 홈즈가 마차에 오르면서 목적지를 말한 것을 제대로 들었다는 것을 반증한다. 그리고 이동 중에 한 번도 뒤를 안 돌아보았다는 것은 이 마부가 손님의 입술 움직임을 읽어서 이해할 필요가 없었다는 것이다.

Page 142

각도와 관점 – B

Page 143

보라색 – 여러분의 상상에 맡긴다. 정답은 없다.

백열등 – 5번

Page 144-145

멀리 멀리 저 멀리!

Page 146

스케이트 링크 – 32건의 충돌.

Page 147

원형 퍼즐

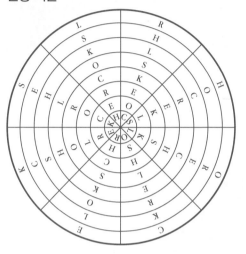

Page 148

전망 좋은 방

		3	4		2		4	
	10							
3						12		
				18				
3			2			4		
								4
		7	2					
								6
4			2				10	

Page 149

좁은 통로 – 가장 걸음이 빠른 사람이 횃불을 들고서 나머지 사람들이 통로를 지나는 것을 동행해준다면, 총 소요 시간은 4+27+2+10+2+12=39분이다. 총 7번에 걸쳐 통로를 지난다.

그러나 총 35분에 모리어티와 그의 네 명의 동료가 모두 건너는 것도 가능하다. 핵심은 가장 걸음이 빠른 사람이 통로를 지나야만 하는 횟수를 줄이는 것이다. 그리고 결정적으로 가장 걸음이 느린 두 사람이 같이 통로를 지나게 하는 것이다.

A(2분) B(4분) C(7분) D(10분) E(12분)으로 구분하면,

A와 B(4분) 그리고 A는 횃불을 들고 돌아감(2분)

A와 C(7분) 그리고 A는 횃불을 들고 돌아감(2분)

D와 E(12분) 그리고 B는 횃불을 들고 돌아감(4분)

A와 B(4분).

Page 150

280개의 점 - 최초의 자전거인 페니 파딩.

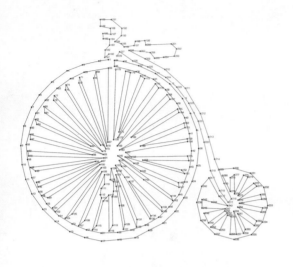

Page 151

제자리 맴돌기 - 11개의 시작과 끝이 같은 단어 'ELSIE'가 있다.

E	L	S	I	E	L
I	S	I	E	E	L
S	S	I	E	L	E
S	L	E	L	S	S
I	E	S	L	S	I
S	L	I	E	L	E
E	L	S	I	S	S
I	S	L	E	I	S

Page 152

자동화 기계 -

8인치×2.5=20인치.

10인치×2.5=25인치.

12인치×2.5=30인치.

20/12×25/12×30/12=15000/1728(8.68)세제곱 피트.

Page 153

알리바이 - 좀도둑은 거짓말을 한 것이다. 도미노 게임에서 62개의 칸을 커버하기 위해 그림의 모양에 따라 31개 도미노를 넣는 것은 불가능하다. 해답이 없는 퍼즐을 풀었다고 거짓말을 한 것이다.

Page 154

허드슨 부인

D	D	U	U	U	U	N	U	O	U	D	D	S	O	H
N	O	D	H	H	H	H	U	D	D	O	O	U	U	D
S	H	N	N	S	U	O	U	U	S	N	D	H	N	D
S	H	U	O	S	U	N	U	U	N	U	H	U	D	O
U	D	O	O	S	D	S	O	S	H	N	S	U	N	O
O	H	O	S	H	U	S	D	H	N	N	O	H	S	N
U	O	O	U	N	H	U	U	O	D	H	D	O	N	H
N	O	U	O	D	O	S	U	D	H	O	H	D	O	O
H	N	U	N	O	S	H	S	D	N	H	D	O	D	H
S	H	S	U	O	O	D	O	O	S	U	O	D	H	S
D	U	H	U	O	O	U	H	U	D	N	U	N	N	N
N	U	D	D	D	N	O	S	O	N	S	U	N	N	H
N	U	O	U	U	U	D	D	H	S	D	S	O	S	U
D	N	H	S	H	S	O	H	D	N	D	S	U	H	S
N	H	S	O	S	U	D	N	U	O	S	S	U	D	N

Page 155

라이헨바하 폭포 – 홈즈는 784피트를 추락했다.

거리의 공식=1/2×가속도×t²의 제곱=0.5×32×(7×7)=784피트.

Page 156

전화 교환수 – 두 개의 번호, 7589나 7598이 가능함.

1836년은 윤년. 고로 마이크로프트의 생일은 2월 29일. 그럼으로 29-12=17.

Page 157

빅토리아 시대 사진 – 1. 두 명.

2. 12개의 방.

3. 전기 승강기.

4. 다음 물건 중 아무거나 – 발전기, 물통, 나무, 하인, 저장 박스, 와인, 전기.

Page 158

세 개의 열기구 –

1. 왓슨.

2. 홈즈.

3. 레스트레이드.

Page 159

등나무 집 –

1. 작은 손 가위.

2. 보라색.

3. 가르시아.

4. 일곱 번째.

5. 베인스 씨.

Page 160

부인의 나이 – 66세.

66+33(66의 1/2)+22(66의 1/3)+9(3×3)=130=6 스코어(1 스코어=20)+10

이동 속도 – 이동 속도 : 4.8마일/시간.

만일 이 남자가 총6마일을 뛰어 갔다면, 베이커 가까지 1시간이 소요된다. 그리고 4마일/시간으로 걷는다면, 돌아오는 데 1.5시간이 소요된다. 즉 총 이동 거리가 12마일이고 소요시간은 2.5시간이다. 고로 이동속도는 12/2.5=4.8.

Page 161

당구

Page 162

순서대로 – 304.

이 수열은 x3+1, x3-1, 고로 101x3+1=304.

다음 이미지? – 숫자 '4'와 모양이 비슷한 물건. 예를 들어 요트 모양 등등.

이 퍼즐은 0, 1, 2, 3의 각 숫자의 외형적 모양과 비슷한 물건의 나열이다.

Page 163

삼각형 퍼즐 – C

파랑색 삼각형은 움직이지 않는다. 갈색 삼각형은 앞 가장자리를 회전시키며 시계 방향으로 이동한다.

Page 164

빅토리아 시대 열차들

Page 165

시장에서

이름	품목	판매 수량
허버트	의류	5
오웬	보석	2
윌프레드	채소	14

양초, 압정, 성냥 – 양초를 문에다 부착시키는 방법은 여러 형태가 있을 수 있다.

그러나 가장 효율적인 방법은

1. 압정을 압정박스에서 모두 꺼내고

2. 압정박스를 나무문에 압정으로 고정시키고

3. 박스에 초를 올리고 불을 켠다.

4. 그러면 양초물이 바닥에 떨어지는 것을 막아주고, 양초의 방향을 적절히 움직여 불빛을 원하는 방향으로 모을 수 있다.

Page 166

숨겨진 이름들

```
A M A C R E R H L I W F O U T
P M T U P M E L E D O P V O Y
R A A T T T F E R A V D K E B
U R D W G A Q S T R G B R S O
F E M E S R W I F E V M E T N
L R I L D A V E R D W A T E P
W I V A L P E Z T Z P R Y P M
I L E J E K L N O V U P R R O
J R T L W S F J Y P B A S P M
C Q L C A U D O T X Y C O T A
H T D T A L N D C U R U V P A
M A Q I B T N Q G K T N E R W
A O U W A K S H Y T R O S R T
T S Z A T C S E M P A N R E M
U F T M K O L R O R I A N D Y
```

Page 167

다리 찾기 미로

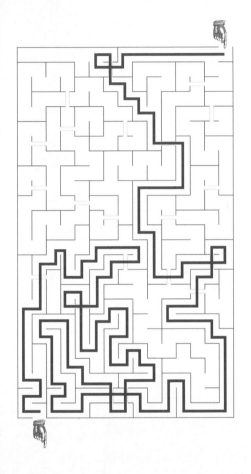

Page 168

미로 찾기

Page 169

사라진 현찰 – 총 188파운드.

찰스 : 50파운드.

벤자민 : 50+20%=60파운드.

조지 : 50%×(50+60)=55파운드.

프랭크 : 20%×(60+55)=23파운드.

50+60+55+23=188 파운드.

클리프행어 – 여러분의 상상에 맡긴다.

정답은 없다.

Page 170

원형 미로

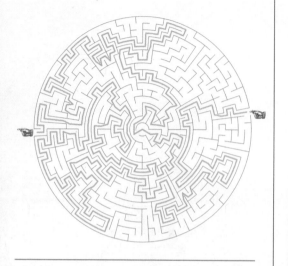

Page 171

빅토리아 철도

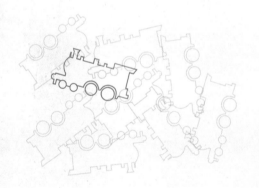

Page 172

보석 강도 – 빈.

이 게임을 다 풀고 나면 8개의 음영 처리
된 숫자 '4 8 2 1 1 6 3 7'가 나타난다. 위도
48.21과 경도 16.37의 지도상 위치는 빈.

1	7	5	9	2	8	6	4	3
6	2	8	4	5	3	1	7	9
4	3	9	1	6	7	8	5	2
2	6	3	8	1	5	4	9	7
7	5	4	3	9	6	2	1	8
9	8	1	2	7	4	3	6	5
5	4	7	6	3	2	9	8	1
8	9	2	7	4	1	5	3	6
3	1	6	5	8	9	7	2	4

Page 173

입술이 비뚤어진 남자 – 1. 검은색.

2. 케이트 휘트니.

3. 등대.

4. 와인과 물.

Page 174

윔블던

선수 이름	주특기	경기 결과
줄리안	서브	2회전
랜돌프	포핸드	준준 결승
버논	백핸드	3회전

Page 175

베인스 경위

```
E Y B A S B E A B Y B Y A Y B
B N A B N Y S S A B B B B B
E A A A E E Y E B Y N S A Y N
N A A B E E Y S E B Y A B S A
B E S A A E A S E E A B Y B B
Y E N A B A A A Y E E B S N B
A B N A Y S S E E B Y N S N B
A Y N N Y A E B Y Y B S N B Y
A S S E B Y B A S Y B N E A B
A B E Y Y B S S S N S S E S E
S E B B A Y B A Y Y E B A S Y
S Y E S E A N E S N B S E A Y
B N A Y A A N E B N Y B Y S S
B E B S S A E Y E S B E A S S
A B N A S E Y Y E B N A N S S
```

Page 176

재무부 장관 – 764

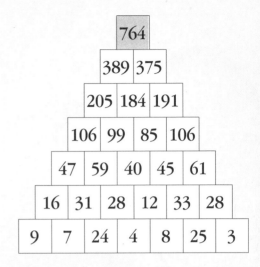

```
                    764
                 389   375
              205   184   191
           106   99   85   106
        47   59   40   45   61
     16   31   28   12   33   28
   9    7   24    4    8   25    3
```

Page 177

패턴 인식

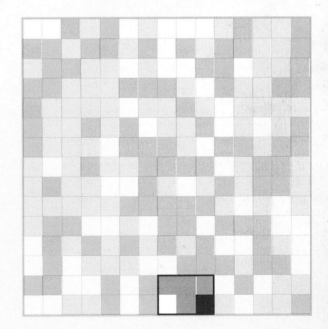

Page 178

다급한 메모 – 그 정보는 모리어티–Moriarty.

각 행별로 물음표 마크의 개수를 세워주면

13, 15, 18, 9, 1, 18, 20, 25이 나온다.

그리고 알파벳 A–Z는 숫자로 1–26에 각각 해당한다.

고로 상기 8개 숫자에 해당하는 알파벳을 찾으면 M O R I A R T Y가 된다.

가족 이름 – M.

얼핏 'D'로 연상되지만, 내용에서 네 번째 어린이는 이미 Mary임.

고로 'M'.

Page 179

암호 해석 – 아래 문장이 해석.

"How Often have I said to you that when you have eliminated the impossible, whatever remains, however improbable, must be the truth?"

이 문장은 셜록 홈즈 시리즈『네 사람의 서명』에서 홈즈가 한 대사이다.

몇 점일까? – 셜록의 점수는 91점.

알파벳 A–Z는 숫자로 1–26에 각각 해당한다.

WATSON = 23+1+20+19+15+14=92

SHERLOCK = 19+8+5+18+12+15+3+11=91

Page 180

연상되는 책 이름은? – 책 이름은 셜록 홈즈 시리즈『네 사람의 서명』영어로 'The sign of four'.

숫자 '0.06975647'는 삼각함수 'Sin 4°'의 값이다. 'Sin 4°'를 영어로 읽는 발음이 셜록 홈즈 시리즈 'the Sign of four'와 유사하여 연상이 된다.

원래의 이름은? –

1. The Valley of Fear(공포의 계곡, 1888년 발표)

2. A Study in Scarlet(주홍색 연구, 1881년 발표)

3. The Crooked Man(등이 굽은 남자, 1889년 발표).

Page 181

라이게이트 수수께끼 – 8개 숨어 있다.

Page 182

글자 연결 – 'S'.

B, C, E, G, K, M, Q는 2, 3, 5, 7, 11, 13, 17
로서 이 수열은 소수이다. 17 다음의 소수는
19이다. 19는 알파벳의 'S'에 해당한다.

1	2	3	4	5	6	7	8	9	10	11	12	13
A	B	C	D	E	F	G	H	I	J	K	L	M
14	15	16	17	18	**19**	20	21	22	23	24	25	26
N	O	P	Q	R	**S**	T	U	V	W	X	Y	Z

단어의 연관성 – 'Zeitgeist'가 정답.

다른 단어들은 국가명을 포함하고 있다.

aCHADenfreude(차드 공화국), vaGABONd(가
봉), inCUBAtion(쿠바), antiperspIRANt(이란)

Page 183

THUMB을 찾아라

T	B	H	B	T	B	U	H	M	B	T
H	H	H	H	T	U	H	H	H	B	H
M	M	U	U	H	T	M	U	U	M	B
T	H	H	B	H	H	U	B	T	U	H
H	T	U	T	T	U	H	U	H	H	M
H	B	T	M	T	U	T	H	M	T	T
M	M	T	H	U	U	H	M	B	M	U
H	B	U	T	B	T	M	T	T	T	U
H	B	T	T	B	M	H	M	T	M	U
T	T	T	H	M	B	U	H	T	M	M
M	M	T	U	M	H	M	M	H	B	B

Page 184

다트 게임 – 허드슨 부인(Mrs. Hudson). 홈즈의 사무실이 있는 베이커 가 221B의 집주인. 다트
의 점수는 8, 21, 4, 19, 15, 14 이는 알파벳으로 H U D S O N 이다.

1 2 3 4 5 6 7 8 9 10 11 12 13 14 15 16 17 18 19 20 21 22 23 24 25 26

A B C D E F G H I J K L M N O P Q R S T U V W X Y Z

Page 185

이름을 옮겨라 – APMZTWKS.

해당 단어의 알파벳 갯수만큼 각 알파벳을 앞쪽으로 이동한 위치의 해당 알파벳을 찾아 쓴다.
WATSON이면 6개의 알파벳 문자이고, W의 6개 앞은 C이며, A의 6개 앞은 G이다. 같은 방식으
로 계속하면 CGZYUT가 된다.

SHERLOCK의 경우 각 알파벳을 8개씩 이동시킨 위치의 알파벳으로 옮기면 APTMZWKS가 된다.

다음에 올 단어는? – SON. 즉, 퍼즐은 WAT으로 시작해서 SON으로 끝난다.

(1) 첫 번째 글자는 W부터 하나씩 역으로 간다.

A B C D E F G H I J K L M N O P Q R **S T U V W** X Y Z

(2) 두 번째 글자는 A부터 2개씩 역으로 간다.

A B C D E F **G** H I J K L M **N** O P Q **R** S T U V W **X** Y Z

(3) 세 번째 글자는 T부터 5개씩 순 방향으로 간다.

A B **C** D E F G **H** I J K L M N O P Q R S **T** U V W X Y Z

접힌 메모 - TYPEWRITER

Page 186-187

특수한 가방 - 가방에 있는 무의미해 보이는 이상한 무늬는 절대 무의미하지 않다. 이 그림이 바로 암호이다. 알파벳 A-Z는 숫자로 1-26에 각각 해당한다. 우리가 아는 십진법은 삼진법으로 변환될 수 있으며 그 반대도 가능하다. 홈즈는 무늬를 보고 삼진법을 직감하였다. 그리고 그 삼진수를 십진수로 전환하고 다시 계속해서 알파벳으로 연관시키면 단어 'anniversaire'가 만들어진다.

가방의 무늬는 3열 12행이다. 세 개의 열로 이루어진 1개의 행은 알파벳 한 자 한 자를 만들어준다. 즉 12개의 행은 12개의 알파벳 단어 'anniversaire'가 된다.

짙은 파랑은 2를, 밝은 파랑은 1을, 하양은 0을 나타낸다.

고로 첫 번째 행은 '밝은 파랑, 밝은 파랑, 하양'으로 '1, 1, 0'을 나타낸다. 이 삼진법수 세 개를 십진법으로 하면 $(1+(3^1 \times 0)+(3^2 \times 0))=1$. 그리고 '1'은 알파벳 'A'에 해당한다.

두 번째 행 '짙은 파랑, 밝은 파랑, 밝은 파랑'으로 '2, 1, 1'을 나타낸다.

$(2+(3^1 \times 1)+(3^2 \times 1))=14$. 그리고 '14'는 알파벳 'N'에 해당한다.

'anniversaire'는 프랑스어로 영어로 옮기면 'birthday', 즉 생일이다. 여기서 홈즈는 두 가지를 알아낸다. 가방의 주인은 프랑스 사람이며, 기억력이 뛰어나지 않다는 사실을! 비밀번호를 자기 생일로 지정해놓았다는 것은 스스로 기억력에 자신감이 부족한 사람임을 말해주는 것이다. 즉 혹시라도 비밀번호를 잃어버릴까 걱정돼서 스스로 안전하게 쉬운 힌트를 주는 것이다.

생일이면 DD/MM의 4숫자로서 이 경우의 수는 총 1-31/1-12로서 총 366개의 숫자로 좁혀진다. 최종적으로 10,000의 조합에서 366개의 조합으로 줄어든 것이다. 훨씬 수월하게 작업해서 가방을 열 수 있게 되었다.